GEORG KÜHLEWIND

LA VIDA DEL ALMA
ENTRE EL SUPRACONSCIENTE
Y EL SUBCONSCIENTE

Elementos de una psicología espiritual

Prólogo por Valentín F. Vidal

Segunda Edición

Editorial Rudolf Steiner

Editorial Rudolf Steiner
Calle Virgen de Nieva nº 1 -1º I
28003 Madrid
www.editorialrudolfsteiner.com

Título original: *Das Leben der Seele zwischen überbewusstesein und
Unterbewusstsein. Elemente einer spirituellen Psycologie*

Traducción del alemán: *Miguel López-Manresa*

© 2024 Editorial Rudolf Steiner. Segunda edición.
© 1997 Editorial Rudolf Steiner
© 1982 Verlag Freies Geistesleben

ISBN: 978-84-18919-35-0
Depósito Legal: M-23587-20-24

Edición, revisión y maquetación: *Equipo de la editorial*
Preimpresión: *Montytexto*
Impreso en España: *Lavel Industria Gráfica*

ÍNDICE

LA VIDA DEL ALMA
ENTRE EL SUPRACONSCIENTE
Y EL SUBCONSCIENTE

PRÓLOGO
por Valentín F. Vidal

Es una tarea difícil y compleja prologar la obra de un maestro tan completo y complejo como Georg Kühlewind, especialmente si este ha sido nuestro propio maestro.

Nacido en 1924 en Budapest, Georg Kühlewind fue maestro de meditación, filósofo y escritor, además de científico en la rama químico-física. En 1996 vino a enseñar por primera vez a España y continuaría haciéndolo durante los siguientes nueve años hasta su muerte. Pero su camino de investigación espiritual perdurará para siempre en sus libros.

En la pequeña biografía que incluyó en su primer libro *Bewusstseinstufen* [Existe una traducción al inglés *"Stages of conciousness"*] para la edición inglesa, Georg Kühlewind señaló su satisfacción por haber estudiado ciencias naturales y aprender con ello a pensar científicamente. Este, según su visión, era necesario que estuviera activo para construir una verdadera Ciencia del Espíritu.

Aunque Georg Kühlewind fue en su etapa profesional un científico físico-químico, persistió en lo profundo de su ser sus intereses juveniles por el psicoanálisis de Sigmund Freud y sobre todo por C.G. Jung y sus investigaciones sobre el alma humana. Un colaborador de este último le inspiró para el estudio de las lenguas clásicas y la mitología. Estas, junto con la música, fueron sus pasiones en la formación de su carácter.

A los dieciocho años irrumpió en su vida la obra de Rudolf Steiner que, después de estudios intensos, apareció y desapareció varias veces en su búsqueda espiritual hasta que descubrió el verdadero sentido de "La Filosofía de la Libertad".

Su encuentro con la obra de Rudolf Steiner fue determinante para el futuro de sus investigaciones sobre el ser humano y el desarrollo de sus facultades espirituales en el camino hacia el verdadero Yo.

La gnoseología que nos enseñó Rudolf Steiner realiza una revisión de la filosofía de la ciencia y el materialismo como marco ideológico, su superación en la visión goetheana del mundo para, a continuación y yendo más allá, entrar en un verdadero estudio de la actividad espiritual del ser humano y sus metas, fundando la Ciencia del Espíritu.

La re-lectura que había hecho nuestro investigador de las obras epistemológicas de Rudolf Steiner, especialmente de *La Filosofía de la Libertad*, le aclararon el camino a seguir que no era análogo al de otras ciencias que se encaminan hacia un pensamiento final, al producto del proceso del pensar, sino al proceso mismo del pensar.

Georg Kühlewind estaba convencido de que las ciencias del espíritu todavía esperan a sus científicos y anhelaba haber transmitido en sus conferencias, clases y libros, los fundamentos de esta ciencia.

En diferentes libros, sobre todo al comienzo de su actividad como escritor, en sus libros como el ya mencionado *Bewussteinstufen* o *Die Wahrheit tun* [Traducido al español como "Practicar la verdad"] y muchos otros posteriores, Georg Kühlewind se esforzó en enseñar el arte de la concentración y meditación, pero dirigidos a un conocer que no era en la forma habitual de crear conceptos y representaciones fijas de procesos del mundo que los explicaran, sino a poder "ir" hacia el proceso y comprender el fenómeno, tal como nos propone la Ciencia Espiritual de Rudolf Steiner.

Este libro se reedita cuando se cumple el centeneraio del nacimiento de Georg Kühlewind y ya hace años que cruzó el umbral. En él se recoge la investigación que realizó durante muchos años sobre el alma, sus funciones habituales y también –algo mucho menos estudiado y conocido–, sus límites.

La publicación original de *La vida del alma entre el supraconsciente y el subconsciente* data de 1976 y su subtitulo "Elementos de una psicología espiritual" no deja lugar a dudas de la intención del autor. En este libro existen claros ejemplos de investigación realizados según la metodología que se desprende de las obras epistemológicas de Rudolf Steiner, reformulando principios de la psicología y el psicoanálisis.

Tras realizar preguntas que ya estaban formuladas y respondidas en libros anteriores, como las relativas a la conciencia o la atención en los procesos de pensamiento, temas centrales de sus investigaciones y que la psicología clásica no se plantea, pasa a describir los elementos que enturbian el pensar y hacen que el individuo no sea un ser autónomo, sino cada vez más dependiente de elementos coagulados dentro de su alma que no son "fuerzas libres", es decir, fuerzas cognoscitivas que nacen del Yo, sino fuerzas petrificadoras, autosintientes, al servicio del ego y bloqueadoras del Yo, como señalará en otros libros.

Georg Kühlewind, a lo largo de este libro, nos muestra que la conciencia está franqueada por dos límites, lo supraconsciente y lo subconsciente, y el ser humano vive experiencias en una y otra frontera.

Respecto a las experiencias limítrofes señala algo que es fundamental en nuestro tiempo como es la experiencia de realidades superiores, "ideas", representaciones que no pueden ser explicadas con el nivel de conciencia actual y que se convierten en abstracciones impensables. Pero en lugar de elevar su nivel de conciencia para explicarlas, estas "inspiraciones" no percibidas por la psicología habitual, permanecen en la subconsciencia –degeneración de los arquetipos del inconsciente colectivo–, obrando desde allí en la conciencia de vigilia pero de una forma totalmente inadvertida y colectiva. Son individuales pero afectan a todas las personas y se convierten en pseudoideas que establecen su dominio sobre el ser humano, como Rudolf Steiner ya advertía en *La Filosofía de la Libertad*, sobre el poder de esclavizar de la idea que no haya sido *vivenciada*.

En el epílogo del libro, reitera una idea que es hilo conductor de esta obra y me atrevería a decir de toda su obra: "No se puede comprender o resolver ningún problema desde el mismo nivel de conciencia en el que se encuentra, sino solo a partir de una conciencia superior". Lo que debemos buscar es un nivel superior de conciencia.

Éste es un libro exigente, como solía Georg Kühlewind decir de aquellos libros que pedían un intenso esfuerzo a sus lectores para ser entendidos, pero que guardaban en su interior tesoros que cambiarían al que los encontrase.

El tesoro más preciado es la propia metamorfosis de la conciencia, ser capaz de pasar de una conciencia habitual, del pasado, a una conciencia superior, del presente. Esto se puede también formular con el título de uno de sus libros más conocidos y que debe ser el comienzo de todos aquellos que se quieren iniciar en la búsqueda de su verdadero ser: *De la Normalidad a la Salud*. Salir de la enfermedad de la conciencia a una búsqueda del verdadero conocimiento de uno mismo.

Esa era la pretensión de este artista del pensamiento, como afirmaba Goethe, que pudiéramos seguir nuestro propio camino de conocimiento.

Valentín F. Vidal

I

CONÓCETE A TI MISMO
Reflexiones sobre la ciencia
del conocimiento

-A-

Podemos observar los fenómenos anímicos en los demás, de forma indirecta, es decir, en *sus formas exteriores de manifestación*. El individuo y sus circunstancias determinan la amplitud con la que se expresan sus movimientos anímicos. En el momento en que se hacen visibles o audibles como formas de comportamiento o expresión del rostro, el observador puede esforzarse en ahondar ese fenómeno, ordenarlo y descubrir su significado. Y para ello sólo puede recurrir a la observación de sí mismo, a sus propias vivencias, representaciones, experiencias y a los conceptos que haya adquirido sobre ellas. Eso nos lleva a la pregunta siguiente: *¿Es posible la auto-observación anímica, existe suficiente autonomía, suficiente distanciamiento del observador como sucede en la percepción sensorial?*

La pregunta también puede plantearse de otro modo:

¿Quién, qué instancia de la conciencia, es capaz de hacer preguntas y realizar observaciones con respecto a la conciencia misma? Ese ha de ser realmente el primer tema, y quizás el más importante de la psicología, incluso de toda ciencia que quiera comprenderse a sí misma, porque es ese tema el que fundamenta su propia posibilidad. Cualquier experiencia cotidiana nos muestra que, cuando tenemos abierto un órgano sensorial, es posible anular alguna percepción e incluso todas, y así, por ejemplo, podemos dejar de ver lo que pasa delante nuestro, aunque tengamos los ojos abiertos o no llegar a oír una llamada que se nos esté haciendo. Por importante y básica que sea esa observación para la teoría de los sentidos, ahora sólo nos interesa por otras razones. Porque ese fenómeno, aunque sea involuntario o por concentración en un pensamiento concreto, muestra sencillamente una forma extrema de manifestación de una facultad general de la conciencia normal, a saber, la capacidad de estar atento, de utilizar voluntariamente la *atención* de forma selectiva; y por otro lado es un fenómeno que nos muestra que, sin la atención consciente y voluntaria, no nos llegaría a la conciencia nada o casi nada de lo que los órganos sensorios son capaces de transmitir.

La atención consciente es siempre selectiva, pues no percibimos *todo* lo que podría percibirse, y no seguiríamos muy adelante en la vida si captáramos los innumerables detalles perceptibles en cada zona del mundo perceptivo. En realidad, limitamos nuestra percepción a un determinado fragmento mediante la atención selectiva. A diferencia de lo que sucede en el animal, esa selectividad no se halla fijada de antemano, la determinamos nosotros, nuestra voluntad; podemos modificarla de tal manera que una vez me permite contemplar la imagen o el paisaje desde el punto de vista de sus tonalidades cromáticas, otra vez puedo observar los gestos de las figuras; en otra ocasión puedo hacerlo desde el punto de vista de la composición global, etc.

El fenómeno de la atención nos apunta hacia una *autonomía del sujeto consciente* frente a las incontables impresiones a las que se halla expuesto sin cesar. Esa autonomía se extiende desde la selectividad de la percepción hasta la plena exclusión de las "impresiones" en las que se produce el llamado "estímulo", los procesos físico-químicos del órgano sensorio en el conducto nervioso e incluso en el cerebro. ¿Qué es lo que es capaz de impedirla?

Esa autonomía permite que nos encontremos como *observadores* frente al mundo perceptivo. Exceptuando algunos casos extremos como, por ejemplo, al estar en peligro de muerte, el mundo perceptivo, cuantitativa y cualitativamente, *produce* en la conciencia solamente lo que ella es capaz de admitir; las impresiones no obligan, no se prolongan luego de forma inmediata en el actuar, no son *causas* directas de nuestro comportamiento. Es nuestro principio consciente, el "yo", quien decide si ha de hacerse algo y qué es lo que ha de hacerse. Es evidente que eso no se refiere a acciones que suceden de forma refleja, rutinaria, porque en ellas hubo previamente una parte de ejercicio consciente. Cuando el hombre no actúa por conocimiento y decisión propios o bien se comporta de manera no humana, o bien reacciona siguiendo reflejos que con anterioridad habían sido ejercitados, seleccionados y aprendidos conscientemente.

Estas indicaciones tienen múltiples implicaciones para la psicología; se hallan en el comienzo mismo de nuestro análisis, un análisis que nos permitirá la posibilidad de fundamentar un *estudio del alma,* una Psicología.

Porque si ha de ser posible una Psicología, ha de existir *conocimiento,* ha de existir libertad en la observación y en el reconocimiento de los fenómenos anímicos.

Existe autonomía en el conocimiento del mundo perceptivo. Esto lo demuestra la existencia, y no el contenido, de la Ciencia Natural, aunque no acaben de extraerse de ello las consecuencias respectivas. ¿Existe también una autonomía de la conciencia investigadora con respecto a la observación de los fenómenos anímicos?

La conciencia es capaz de distinguir entre sus diversos componentes cualitativos –pensar, sentir y querer– y entre los conglomerados que estos generan, toda una serie de elementos que son más o menos conscientes, es decir, transparentes por la consciencia y controlables por ella. El hecho de que la conciencia *sufra* esa diferenciación y no la provoque, que *para un mismo sujeto consciente* existan todos los matices de claridad, hace que surjan problemas anímicos y provoca el nacimiento de la psicología misma. Si todo lo que *vivenciamos* en la conciencia fuera tan transparente para ella como lo es el pensar, la psicología no sería necesaria ni posible.

Cuando el pensar surge en la conciencia de forma pura, no mezclado con sentimientos e impulsos volitivos que *le son ajenos* (no olvidemos que el pensar es algo que uno quiere y que su evidencia se siente) entonces es transparente de por sí y a la vez *se observa a sí mismo*: sabe siempre lo que piensa; el acto y el contenido son uno. Si fuera necesario un segundo pensar para hacer consciente el contenido mental, habríamos de volver a pensar de nuevo el contenido del segundo pensar para hacérnoslo consciente y eso proseguiría hasta el infinito.

La autoconciencia descansa, por un lado, en la propiedad que tiene el pensar de experimentarse a sí mismo y, por otro, en la posibilidad de permanecer consciente en el pensar mismo, aun cuando se excluyan las impresiones sensorias y sus reminiscencias.

El pensar se hace consciente de sí mismo de modo distinto a cómo se hacen autoconscientes los demás contenidos anímicos. Las percepciones se hacen siempre conscientes gracias al pensar; su "qué" nos lo dice el pensar, aunque ese proceso mental, en el caso de los adultos, suela pasar inadvertido. Algunas "filosofías" descansan en esa inadvertencia. El proceso se hace más evidente en el niño que aprende a hablar y a pensar. En él no se produce ninguna nueva percepción que no provoque un pensar manifiestamente intenso e intuitivo (y la mayoría de las percepciones son nuevas para él). En todos los casos ha de "formar" los correspondientes nuevos conceptos. En el adulto, eso es observable en raras y nuevas percepciones. En las percepciones habituales, el elemento conceptual se ha fusionado ya con los sentidos. Dicho de otro modo, en el caso del adulto la visión se halla impregnada de una actividad generadora de conceptos que no acaba de emerger a la conciencia. Por eso, "al ver", puede percibir de forma *objetual* sin hacerse consciente de su actividad intelectiva.

Cuando digo que percibo mis pensamientos, ese percibir ya no puede distinguirse de la generación de los pensamientos, y tampoco se produce con ayuda ajena, como por ejemplo de un órgano sensorial, sino que *el pensar mismo* se percibe a sí mismo en sus resultados.

El *pensar* y el *percibir* son reinos de la actividad anímica en los que el sujeto suele ser autónomo: él piensa y percibe según su voluntad. En el pensar también el tema lo determina la voluntad; en el percibir esta sólo determina el acto mismo de percepción, pero el contenido lo suministra el entorno y la voluntad no puede modificarlo ni transformarlo. En el fenómeno de la atención y de la distanciación, sin embargo, se manifiesta la autonomía del sujeto en la percepción.

Es fácil descubrir que existen contenidos anímicos frente a los cuales el sujeto pensante posee una autonomía limitada o incluso ninguna. Los sentimientos, los impulsos volitivos impregnados afectivamente, es decir, las pasiones, tienen frente al sujeto una independencia que pugna contra él, a menudo lo somete y hasta lo enferma en la lucha, lo cual es otra forma de sometimiento. Los *sentimientos,* en oposición a los pensamientos, no pueden ser provocados directamente, y cuando aparecen en la conciencia no son observables a una cierta distancia como sería posible con las percepciones sensorias. Formulándolo de forma extrema, diríamos: *Cuando los sentimientos se hacen observables ya suelen ser su propio cadáver, su imagen debilitada.* Desde ese enfriamiento hasta el irrefrenable avasallamiento del sujeto, hay toda una escala de intensidad gradual que se relaciona de manera inversamente proporcional con la labor de observación, con la relativa autonomía del observador.

Pasiones, inclinaciones, impulsos no penetrados por la conciencia extraen su fuerza del sentimiento que se halla entremezclado con ellos junto a las representaciones. Si, por ejemplo, intentamos realizar un ejercicio mental de concentración, nos encontramos fácilmente con el ser anímico *independiente, desligado del sujeto*. Pensemos sobre un objeto creado por el ser humano y hagámonos de él una representación. Al poco tiempo nos encontraremos con que la conciencia está llena de otras representaciones y fragmentos mentales. En ese caso, nos hallamos con asociaciones en lugar de verdaderos pensamientos. Esa desviación producida por las imágenes asociativas impregnadas por el sentimiento es obra de la porción anímica independiente.

La liberación de las impresiones perceptivas mencionada al principio, según la respectiva actividad de la conciencia, puede *vivenciarse* en dos direcciones. Puede surgir por la ausencia, desviación o distracción involuntarias, porque la actividad de la conciencia se apaga; o bien puede producirse como resultado de concentrarse en un tema que uno mismo ha elegido, en cuyo caso lo genera un incremento de la luz de la conciencia. En el primer caso, el contenido consciente, como podemos luego reconocer, es onírico y nebuloso, y aparece ya configurado sin que yo haya participado en ello. En el segundo, el contenido lo forma la actual actividad consciente en plena claridad.

La autonomía y la claridad de la conciencia están ligadas, simultáneamente aumentan o disminuyen. Ello hace que la capacidad cognoscitiva y la comunicabilidad de los contenidos de la conciencia corran paralelos.

Cuando al *pensar* o al *percibir* se producen disminuciones de la claridad es que estamos ante trastornos de las funciones cognoscitivas. Al experimentar *sentimientos* tenemos una vivencia cualitativamente muy distinta: no somos el sujeto, sino que nos hallamos, como objeto, a merced de los sentimientos; ellos surgen substrayéndose a nuestra voluntad. Los sentimientos, que aparecen de ese modo, no son elementos *cognoscitivos* de la conciencia, como el pensar y el percibir; no nos transmiten un algo, se nos transmiten sólo a sí mismos. Es como si el ojo, en lugar de ver algo, nos transmitiera su propia sensación de escozor, movimiento, dolor... Esos sentimientos no son evocables directamente como lo son los pensamientos o representaciones. Y ello tiene que ver con la forma en que se nos aparecen, avasallando al sujeto. *Vivenciamos* conscientemente los pensamientos, percepciones y representaciones como algo pasado, y son claramente conscientes. Por el contrario, los sentimientos surgen, como algo presente, pero lo hacen de forma onírica, semiconsciente. No *vivenciamos* pensar, percibir y representar conscientemente como *procesos,* sólo despertamos en ellos y en sus productos. En la medida en que, condicionados por nuestro nivel de conciencia, vivimos en un mundo percibido, representado y pensado, podemos reconocer ese mundo como perteneciente al pasado. Con el sentimiento, el hombre vive en un presente soñador y sufre acontecimientos inesperados para los que carece de hábitos de comportamiento, *vivenciándolos* somnolientamente y no con la agudeza de la conciencia de vigilia, despierta. Si lo observamos más de cerca, veremos, por experiencia, que reconstruimos el "presente" en forma de representación, *una vez que ya ha pasado,* pero cuando lo *vivenciamos* directamente, nunca estamos del todo despiertos. La "presencia de espíritu" habla de un momentáneo despertar intuitivo en el presente, un comportamiento cuyo resultado se demuestra posteriormente como el mejor posible, después de prolongadas reflexiones. Pero en el sentimiento, no estamos separados de la vivencia, permanecemos en el presente y por eso no podemos observar con conciencia qué es lo que sucede. Eso les da su calor y su plenitud vital a los sentimientos, si los comparamos a los pensamientos que, por su carácter pasado, han perdido su vitalidad.

Los sentimientos no transmiten conocimientos directos. Para quien los observa desde fuera, los sentimientos caracterizan al hombre en el que surgen, al ser humano que los *vivencia*. Se hallan condicionados por una región del alma en la que el hombre no es plenamente consciente ni autónomo. Él está *predispuesto* ya para tener determinados sentimientos, y esa predisposición forma parte de su naturaleza anímica, de su pasado, igual que su organismo; si bien el sentir mismo ocupa, en cuanto a su grado de conciencia, una posición intermedia entre la conciencia despierta o de vigilia, la de las representaciones, y la conciencia de sueño profundo en la que el hombre vive con respecto a su organismo. Su destino puede estar fundamentado ampliamente en su predisposición anímica. Esta pertenece a su aspecto más privado, a su propia esencia.

Los sentimientos propios se mueven en una escala que llega desde el "esto es bueno para mí" al "esto es malo para mí". Nuestra egoidad tiene en ellos su centro. Por eso les falta la universalidad, es decir, la validez para los temas, la inteligibilidad y la comunicabilidad. Estos últimos factores son propios sólo de los pensamientos.

En su forma pura, no conocemos habitualmente la voluntad en sí. Siempre viene acompañada de una representación o de un motivo mental y a menudo de sentimientos. Las representaciones y los sentimientos se nos hacen conscientes, y también el resultado del acto volitivo, la acción perceptible, pero no así la voluntad misma. En principio, no hay nada que indique que la voluntad es capaz de tener carácter cognoscitivo como el que posee el pensar. En los sentimientos eso podemos intuirlo: lo vemos en el sentimiento que surge frente a una vivencia artística, o en el sentimiento que acompaña a una intuición.

Por lo común, la vida anímica consta de un conglomerado de sentimientos no cognoscitivos, de impulsos volitivos de origen inconsciente o semiconsciente, de hábitos anímicos y de formas de pensamiento entretejidos en todo ello. Con ese conglomerado se combina el *nuevo* pensar que centellea aquí y allá. Este está parcialmente al servicio de la animosidad que se siente a sí misma, del ego, y en parte constituye el elemento universal y autónomo todavía intocado.

En el interior del alma, podemos distinguir entre funciones autónomas y funciones que muestran en sí mismas una independencia frente a la porción anímica autónoma. El pensar y el percibir son autónomos en la medida en que éste último esté impregnado de pensamiento, pero, por otro lado, el sentir tiene poder propio con todo lo que se ve impulsado a partir de él: asociaciones, inclinaciones, pasiones, etc. Es un hecho característico que la región anímica autónoma está libre de configuración y por tanto está en situación de adoptar cualquier forma, mientras que el poder propio de lo anímico interior se muestra siempre en formas prefiguradas: cadenas de asociaciones, formas de sentimientos, tendencias de sensación con términos reiterativos, etc. Por eso, el ser no autónomo tampoco es capaz de conocer. El pensar puede concebir cualquier pensamiento, pero los pensamientos asociados o compulsivos no son gestos de conocimiento.

La autonomía, evidentemente, se consigue a costa de que los contenidos mentales, al llegar a la conciencia, sean "paralizados" como hechos pasados. Todo lo que entra en contacto con el mundo conceptual se desvitaliza. A consecuencia de ello, ese pensar reflejado, aunque sea autónomo, no tiene el poder suficiente para hacerse dueño de los sentimientos y aun menos para penetrar en los movimientos anímicos menos conscientes o manejarse con ellos de forma autónoma. Esa circunstancia es para la psicología una dificultad fundamental o incluso un desafío. Porque el psicólogo, aunque se halla confrontado al mundo afectivo de otro hombre desde fuera, por el hecho de disponer solamente del pensar reflejado como función anímica autónoma, se ve obligado a comprender el elemento irracional del alma ajena con ayuda de la razón, aunque comprenda que la esencia del alma que genera dificultades no es precisamente captable de modo racional. De ahí surge la singular racionalidad de la psicología analítica que quisiera abarcar la porción oculta del alma con su método detectivesco, partiendo de pequeños síntomas en la conciencia para llegar a *conclusiones* sobre el elemento irracional inconsciente que la subyace. Sólo si se desarrollara otro nivel de conciencia, la psicología sería capaz, por ejemplo, de comprender adecuadamente el mundo de los sentimientos en su vitalidad y presencia inmediata. Pero en la literatura psicológica no se percibe ningún esfuerzo o método para conseguirlo.

En las consideraciones precedentes se describió la situación paradójica en la que se encuentra la psicología y el psicólogo. Para poder hacerse representaciones y concepciones adecuadas sobre los fenómenos anímicos que se presentan de manera independiente a la conciencia autónoma, sería imprescindible esforzarse en ejercitar una penetrante *introspección*. El psicólogo tendría que contraponerle a los sentimientos e impulsos volitivos de origen confuso, a los fenómenos anímicos de una fuente no autónoma, los respectivos elementos *conscientes* de comprensión, del mismo modo a como se acerca a los pensamientos de otro hombre con su capacidad pensante, es decir, con su órgano sensor de pensamiento. Esos elementos de comprensión nuevos que hay que adquirir, por una parte, debieran poseer, como mínimo, el grado de claridad de los pensamientos y, por otra, la vitalidad, el calor, la esencia fluente poco delimitada y la permeabilidad mutua propias de los sentimientos. Esa tarea no la pueden solucionar las facultades que habitualmente tenemos a nuestra disposición: el pensar autónomo, pero intelectivamente dialéctico. Si hubiéramos de expresarlo de forma lapidaria, diríamos que los sentimientos, en su esencialidad, sólo pueden ser conocidos por medio de sentimientos, pero de sentimientos que sean capaces de "ver", de sentir realmente, y no sólo de sentirse a sí mismos. Igual que el pensar es "capaz de hablar" por sí mismo, partiendo de su propia esencia, habría que desarrollar un sentir que "hablara", que me dijera algo por sí mismo; así como el pensar, al penetrar abiertamente en el *elemento del lenguaje* (no en las palabras de una lengua concreta) es un *proceso cósmico* que se refleja en el individuo, y allí se individualiza y muere, el sentir debiera elevarse hasta convertirse en un lenguaje fluido, no rígido, pero por ello más adecuado a la realidad. Lo mismo habría que decir con respecto a la voluntad.

Ya volveremos a esa posibilidad de desarrollo en el próximo capítulo. Aquí, por de pronto, nos basta con esbozar conceptualmente la probabilidad de ese desenvolvimiento.

La mencionada tarea del psicólogo se identifica con el objetivo que se propusieron ya los antiguos, cuya formulación expresa aquel "conócete a ti mismo", y que al principio parece no decirnos nada. La paradoja de esa máxima no es, sin embargo, difícil de descubrir: ¿quién ha de conocer a quién? Al dirigirse hacia sí mismo con el conocimiento, el conocedor se hace idéntico con el objeto a ser conocido, y este último también es *conocedor,* se halla inmerso en el propio acto de conocer. La dificultad radica en lograr que haya conciencia *en* el conocer, porque la conciencia habitual se despierta siempre *después* del acto de conocer, como conciencia del resultado, de lo pensado. "Conócete a ti mismo" significa, para el hombre actual, sobre todo, la misión de *vivenciarse* a sí mismo como conocedor en el acto mismo del conocer y no después. En la antigüedad, esa máxima podía implicar otros propósitos. La misión apolínea del hombre actual es lograr pasar de una conciencia del pasado a una clara conciencia del presente. A un lado, la conciencia diurna se encuentra con la frontera de su demarcación, detrás de la cual empieza el mundo normal del sentimiento. Detrás de él se extiende, a profundidades insondables, un reino inconsciente: la región de la psicología que, aparte de ese reino, sólo conoce la conciencia de vigilia cotidiana. Si el alma humana estuviera constituida realmente así, la tarea de la psicología sería estéril. Hay que preguntarse si la conciencia de vigilia no tiene quizá también experiencias de otros límites que permitan modificar la imagen dicotómica del alma y que a la vez muestren una vía de acceso a fuerzas superiores de cognición, a fuerzas que puedan confrontar el reino del inconsciente.

Se pueden descubrir experiencias limítrofes de ese otro tipo cuando se cumple o se aspira a cumplir esa exigencia del "conócete a ti mismo" en la dirección de los procesos de cognición. Si la atención se dirige a los procesos que tienen lugar en el conocer, en lugar de dirigirse a las oscuridades anímicas para las que no está preparada, el observador se aproxima también, en las experiencias limítrofes, al hemisferio luminoso de la conciencia que apunta a una región que es más luminosa que la propia conciencia de vigilia cotidiana. Y puede suceder que el investigador descubra el propio carácter de pasado que tiene la conciencia habitual.

De ese hecho se pueden deducir factores importantes. ¿Puede existir el pasado para una conciencia *absoluta* del pasado? Igual que una conciencia absolutamente determinada no podría descubrir el hecho de que está determinada (siempre obedecería al elemento determinante sin poder jamás tomar distancias), del mismo modo la conciencia totalmente henchida del pasado tampoco podría inferir y expresar su propio carácter. El pasado sólo existe para el presente. Y aunque el elemento presente tampoco se *vivencia* a sí mismo de forma consciente, no deja de estar *por encima* de la conciencia de vigilia y constituye la instancia que mira hacia el propio pasado, a los contenidos que constantemente se han ido produciendo. Esa instancia, pues, ha de hallarse cerca de la conciencia de vigilia. La posibilidad de tener nuevas ideas, intuiciones y pensamientos señala hacia esa cercana presencia. Del pasado no puede surgir nada nuevo. La observación del niño que aprende a hablar y a pensar, ya nos apunta muy en especial hacia ese elemento como fuente de la intuición.

Otra experiencia limítrofe se hace evidente cuando hacemos introspección, cuando el pensador se pregunta: ¿En qué se diferencia un pensamiento de una disparatada secuencia de palabras que, sin embargo, es gramatical y sintácticamente correcta? La diferencia radica solamente en la lógica o evidencia del pensamiento. Pero el pensar intelectivo no va más allá de esa constatación. Es incapaz de describir y explicar su evidencia, de exponer exhaustivamente sus características; para ello habría de hacer uso de la evidencia misma.

A la evidencia le sigue, de por sí, el pensar, a partir de un sentimiento del pensador que dirige el pensar. No es ningún sentimiento que se sienta a sí mismo, sino que "siente" el aspecto lógico. La lógica no es una ciencia que dé normas, sino una ciencia descriptiva *a posteriori*: describe cómo actúa el pensar. Si fuera de otro modo, tendríamos que aprender el pensar desde la ciencia, y entonces nos encontraríamos con el problema de tener que entender esa ciencia o la enseñanza, sin tener previamente una lógica. El "cómo" pensamos, es decir, el que haya un "cómo" es todavía observable por el pensar mismo, pero ya no es explicable. Quien por el ejercicio de la atención interna descubre la esencia intuitiva, el comprender inmediato, como elemento básico del ser humano cognoscente, no dejará de ver el parentesco que guarda ese elemento con la evidencia. A la misma región pertenece el fenómeno, apenas valorado, de que el pensar, en la medida que piensa algo *nuevo* es *siempre improvisado:* uno no sabe *a priori* qué es lo que pensará, si no ya lo habría pensado.

Las experiencias limítrofes antes mencionadas apuntan de una forma concreta hacia fuentes de las que la conciencia extrae sus poderes cognoscitivos. De esa región surge lo intuitivo, el comprender primordial. Antes de que algo pueda ser "explicado" ha de existir la facultad de *comprender* la explicación. La zona de origen ha de manifestarse, por consiguiente, como una esfera verbal más luminosa o, en un sentido elevado, como una esfera *hablante,* verbal, que todavía no contiene nada pensado, pero sí la posibilidad de todo lo pensable. Con ello se describe un reino no estructurado, no caracterizado por ninguna forma concreta, y que posee la fuerza y la facultad de generar cualquier forma.

Ya es conocido que las Categorías de Aristóteles no son esclarecedoras ni "derivables". No surgen de ninguna abstracción de muchas observaciones; la ordenación de esas observaciones en grupos análogos ya presupone la presencia de un principio ordenador y eso es la Categoría. La categoría "ser" no surge con la observación de muchos objetos que *son;* el que yo los reconozca como cosas que *son,* se produce por el conocimiento de la categoría "ser", que no tiene por qué tener ninguna expresión verbal. Las Categorías son formaciones puramente intuitivas, sólo después de haber reflexionado sobre ellas pueden convertirse en "abstractas", en algo no vivido, cuando pierden su vida en la conciencia de vigilia, una vez formuladas y puestas en palabras. Quienes tengan una naturaleza filosófica, intuitiva, pueden volver a estimularlas y dotarlas de espíritu una y otra vez, porque vuelven a cobrar vida en su interior. Las Categorías, como idealidades vivas, como verbalizaciones universales, constituyen la armadura, la estructura básica de nuestro pensar, de nuestra visión del mundo.

Igual que las Categorías, cada nuevo pensamiento, cada nueva idea, cada nueva comprensión, cada elemento creativo, procede de la vida del presente. Lo esencial para hacerse una imagen de esa región de los orígenes es que ha de estar más cerca del entendimiento de la luz y de lo verbal, que lo que surge de ella, que la conciencia de vigilia o científica. Esa idea de que el entendimiento no puede ser explicado, derivado y por tanto "entendido" a partir del no-entendimiento, se contradice con mucho de lo que hoy se valora como científico y que precisamente es contradictorio en ese punto. Hay que reflexionar de una vez con plena consecuencia en que la palabra no puede surgir verbalmente, por casualidad, sin un sujeto "parlante", ni tampoco se puede entender sin ese sujeto. En la medida en que las facultades cognoscitivas de la conciencia de vigilia parten de un elemento "capaz de entender" y que es normalmente accesible a la conciencia como vivencia limítrofe, podemos denominar a ese elemento el *supraconsciente*. Si el psicólogo quiere investigar y comprender la región anímica que limita con la región autónoma por debajo, que está configurada arbitrariamente, ha de ayudarse con las fuerzas del supraconsciente, que son más intensas y penetrantes. Por su vitalidad y presencia, esas fuerzas ofrecen medios adecuados para conocer el inconsciente e incluso actuar terapéuticamente sobre él.

Gracias al descubrimiento y a la aceptación de la existencia del *supraconsciente*, el estudioso de lo anímico puede ver entonces el paisaje del alma humana de modo distinto a como suele verlo la psicología.

La imagen del alma se convierte en una triada: El *supraconsciente*, elemento espiritual que penetra en la región anímica y fuente de las capacidades del conocimiento; el *consciente*, que, en su núcleo, es el pensar autónomo, una réplica individualizada de lo espiritual; el *subconsciente*, las formaciones que no dependen del consciente, hechas de hábitos, estructuras y modos de comportamiento anímico, cuyo origen no es directamente consciente.

El supraconsciente carece de forma, y gracias a ello, contiene la capacidad de poseer todas las formas y por ello es cognitivo; el subconsciente está hecho de formas que, si bien son fluidas y mutables, no dejan de ser muy tenaces y auto-conservadoras. Y como la región consciente, la intermedia, es una esfera del pasado, el psicólogo sólo puede apelar a las fuerzas del supraconsciente cuando se acerca al subconsciente. Dado que los "contenidos" del subconsciente llegan, como mucho, a un nivel de conciencia onírica, no se hallan desposeídos de su poder, como los de la esfera intermedia. De ese modo resulta la imagen del divino y sobrehumano vencedor de la naturaleza infrahumana del Dragón.

La misión y la condición previa de toda investigación anímica sería entonces ampliar las facultades de la conciencia del investigador en dirección hacia lo que habitualmente es supraconsciente: con esas facultades podría penetrar en la región que subyace por debajo de la conciencia de vigilia. Esa tarea equivale a una ejercitación espiritual, como las que se han ido cultivando de forma distinta según las épocas, como la que se describe en la Ciencia Espiritual de Rudolf Steiner para el hombre actual, y que se orienta a la ejercitación del pensar, sentir y querer, a la posibilidad de transformar la percepción, lo que requiere también la intensificación de las tres funciones anímicas. El psicólogo práctico, sin embargo, no puede esperar para actuar hasta que haya adquirido de alguna manera las facultades que habría de desarrollar. Pero le será de gran ayuda aprender a conocer de forma más adecuada el alma y los fenómenos anímicos, formándose conceptos nuevos y más ajustados. Esos conceptos "más afines" son cualitativamente distintos de los conceptos de la conciencia ordinaria y también científica: han de ser más vivos, más fluidos y móviles, más *abarcantes*, sin que pierdan en claridad. Se los puede formar *entendiendo* adecuadamente los resultados de la investigación que se han producido, gracias a facultades cognoscitivas intensificadas y que han sido transmitidos luego de forma conceptual. Quien acoge informes de la investigación de ese tipo, ha de evitar querer entenderlos con los esquemas conceptuales habituales y acostumbrados, porque así sólo se los podría malinterpretar, como ya ha sucedido de muchas maneras. En lo que sigue, intentaremos ofrecer una exposición esquemática de las funciones anímicas, del percibir y de su desarrollo superior en el sentido antes mencionado. Exposición que también podemos concebir como un ejercicio en la formación de conceptos más amplios.

II

PROCESOS UNIVERSALES
EN EL ALMA HUMANA

-A-

Podríamos resumir uno de los resultados del anterior capítulo diciendo: "Si todo lo entendiéramos completamente no tendríamos ninguna vida anímica capaz de sentirse a sí misma". No es difícil comprender que, sin esa vida anímica, al principio, no sería posible ningún conocer, por lo menos ningún conocer como el que tiene hoy en día el hombre. El mundo, en sus procesos, o lo que uno entiende con ello, se prolongaría sin interrupción dentro del ser humano, lo penetraría de resonancias y de luz, sin que la luz y el sonido se vieran frenados, sin que produjeran nada en él. Al nivel de conciencia en que hoy se halla la humanidad, es indispensable que una parte de la luz universal, si ha de surgir luminosamente como conocimiento, produzca algo en el organismo humano. Todo conocer ha de contener un componente cósmico universal que lleve el sello de lo que se ha de conocer y que le sea característico. El conocer humano *vivencia* esos componentes, en parte como percepción y en parte como *elemento ideico-conceptual*, elemento que acostumbramos a atribuir al pensar. Con el pensar captamos también lo puramente ideal, lo ideal *per se*, en la forma y medida en que lo permite nuestra conciencia. El pensar y el percibir producen repercusiones en nuestro organismo más sutil y en el más tosco, hasta en el nivel físico, y a través de ello se ven desvitalizados, "frenados". Los contenidos del pensar y el percibir surgen como imágenes del pasado, de una vida que podemos atisbar en el proceso cognoscitivo, pero que no experimentamos conscientemente.

Tanto el pensar como el percibir son procesos universales que se realizan en el hombre. La objeción de que en la esfera del pensar hay grandes diferencias de opinión y discusiones, demuestra precisamente lo que se quiere rebatir. Porque sólo pueden surgir diferencias de opinión y discusiones en un terreno común, y el hecho de que aparezcan se relaciona con la libertad en el conocer. Igual sucede con la experiencia de que haya errores. El que se puedan descubrir y comprender los errores, porque sólo son errores cuando *se los reconoce* como tales, muestra ya el aspecto universal del conocer. Las opiniones que consideran el conocimiento como algo subjetivo tienen una débil posición. Por un lado, han de esforzarse en explicar por qué una imagen de la percepción es prácticamente igual para todos los que la ven; por otro, los partidarios de esos pareceres no se dan cuenta de que sus argumentos no podrían comprenderse si tuvieran razón en que el pensar es subjetivo.

Gracias a su universalidad como procesos cósmicos, el pensar y el percibir nunca podrían errar. Podrían ser limitados, es decir, no abarcar ciertas partes de la realidad, pero lo captado no podría ser jamás erróneo. De hecho, en los procesos universales que son el pensar y el percibir se filtran errores que emanan de la región privada, no-cognoscitiva, del alma. Ahí donde el pensar deja espacio libre a un prejuicio condicionado por el sentimiento, ahí surge un error. Por comodidad, el pensar puede suspenderse y ahí donde se detiene, aparece un elemento acabado, prefigurado, no iluminado, y sin que el pensar lo advierta.

El que en el alma humana se vean retenidos procesos universales y gracias a ello se los haga conscientes, el que aparezcan en ella carentes de vida y de fuerza, hace que sea posible la *autoconciencia*. En la sombra que produce .la conciencia del pasado, mediante la cual el *sujeto* se libera del campo de fuerzas de los procesos cósmicos, el yo humano puede despertar a la autoconciencia y fortalecerse en ella. En esta paradoja, en que un sujeto, por su propia voluntad deja que se desarrollen en él los *procesos universales*, basa el ser humano su sufrimiento, su felicidad.

La región privada del alma que no conoce, que no se comunica y que se siente a sí misma, está sobre todo constituida por el sentimiento, por el sentir que todos conocemos en nuestra vida cotidiana. La índole de esta entidad anímica no es cognoscente ni comunicativa, sencillamente *porque* se siente tan solo a sí misma. Y aunque es "autosensible", los sentimientos se aferran siempre a algo exterior, no pueden ser producidos voluntariamente por el sujeto como es el caso de los pensamientos; van y vienen con independencia de la voluntad del que los padece.

El tener la sensación de sí mismo no es un *autosentirse* inmediato del sujeto, no es tampoco una percepción de uno mismo; el sujeto padece y quiere padecer los sentimientos que se sienten a sí mismos como alegría y como dolor. Para el sujeto, esos sentimientos son percepciones que le arrastran, y tiene tan poco poder sobre ellos como sobre las percepciones sensoriales. El alma puede retraerse frente a estas últimas, pero ya no le es tan fácil, y a menudo le es imposible liberarse de los sentimientos. Con el sentimiento, el alma empieza a emanciparse de un modo arbitrario y personal del percibir y del pensar autónomos.

El pensar se experimenta a sí mismo y está despierto, aunque se experimente en su *pasado*. El sentimiento se siente a sí mismo, como en sueños, pero como algo *presente*. Por eso, la porción del alma autónoma y pensante se halla casi impotente frente a él. El sujeto se adhiere a la autosensación, se *vivencia* en ella, aunque en último término le sea un elemento extraño. La búsqueda del sentirse a sí mismo es el núcleo de la egoidad. Los sentimientos egoístas más especiales son derivaciones de ese núcleo que se da a conocer en la insaciable demanda de nuevos sentimientos autosensibles, no "parlantes", y que generan sensación de sí mismo. Los anhelos, los apetitos, son siempre insaciables. Su esencia misma consiste en su constante repetición. Le dan al sujeto cotidiano la seguridad de que existe. Esa certeza adquirida mediante una especie de tanteo de sí mismo que suministra la índole autosensible de los sentimientos y que reclama siempre nueva confirmación y autoconstatación, no le haría falta al sujeto si la experiencia pensante de sí mismo no sucediera en lo *pensado,* sino *en el pensar* presente. La conciencia de presente sería al mismo tiempo la instancia que, en su intensidad, igualaría a los sentimientos.

Si resumimos lo dicho anteriormente, vemos la autosensación como un sustituto o etapa previa de un experimentarse a sí mismo que no es abstracto, porque se *vivencia* en el mismo presente. Esa autoexperiencia es propia del ser del yo, mientras que la autosensación es propia de una sustancia anímica que al principio se *vivencia* en un estado cuasi onírico. Si fuera posible una autoexperiencia en el presente –con una luminosidad mayor de la que conocemos del pensar– la auto-sensación en la capa exterior de los sentimientos que nunca penetramos sería superflua.

Pero entonces podemos preguntarnos: ¿Serían superfluos los sentimientos? ¿No quedaría el mundo infinitamente empobrecido si no hubiera sentimientos? ¿Qué sucedería con el elemento que al principio se *vivencia* como sentimiento?

A la observación afinada de la vida afectiva no se le escapa que, aunque el sentimiento surge como vivencia interior, no deja de serle necesario siempre un estímulo externo, un hecho, una representación, un pensamiento. En la mayoría de los casos no existe una vinculación racional entre el motivo y el sentimiento. ¿Por qué el envidioso se ve enredado en un sentimiento que le corroe cuando ve que otro ha triunfado en algo? El propio fracaso acaba despertando un resentimiento que en una siguiente tentativa se convierte en obstáculo y no tiene ningún "sentido" o propósito. El sentimiento, siguiendo su propia naturaleza, se ha desprendido del *motivo* que lo provocó, se ha independizado, y ya tampoco explica nada sobre ese *motivo*. Pero ha mantenido la irrevocabilidad propia de la percepción: una vez que exista un sentimiento es ya inevitable, como la percepción. Aunque sea vida interior, tiene vida propia en el alma. Esa vida propia de los sentimientos que uno experimenta, se mueve en la escala bipolar del "me gusta", "no me gusta". Ahí el sentimiento no es objetivo: lo nocivo puedo sentirlo quizás como algo que me va bien, error que nunca se presenta en el animal, cuando el hombre no interviene en su naturaleza.

A los sentimientos autosensibles se puede contraponer otro tipo de sentimientos menos conocidos. Esos sentimientos "expresan" algo, aunque lo dicho no sea manifestado en palabras. Son sentimientos que se pueden hallar en la actividad artística activa o pasiva, en la fe religiosa (en el sentido de San Pablo, Tertuliano o Kierkegaard) y en el sentimiento de "logicidad", en el sentimiento de evidencia. Esos sentimientos no son de carácter privado, de lo contrario, la crítica artística sería *totalmente* subjetiva, la fe no tendría nada que ver con la comunidad, y la evidencia no tendría una validez general. Los sentimientos de ese tipo tienen un objeto fuera del alma y se ven referidos a ese objeto y no al sujeto que siente. Se hallan ligados a un objeto exterior y nos "dicen" algo sobre él, nos hablan de *cómo* es bello, de *cómo* es verdadero, de *cómo* es lógico.

Esos sentimientos son conceptualmente todavía más difíciles de describir que los del primer tipo, y tampoco son fáciles de observar. Aunque toda persona normal piensa lógicamente, el *modo* suprasensible en el que opera esa actividad puede llegar a ser, como máximo, una experiencia limítrofe en la conciencia. Pero, como tal, el sentimiento de evidencia juntamente con el sentimiento de belleza y de fe, se han de considerar parte del proceso universal capaz de manifestarse en el alma humana y que actúa sobre ella en el sentimiento de evidencia. Esos sentimientos, no autosensibles, *sienten* con plena realidad, igual que hace el ojo cuando ve.

A la luz de esos sentimientos, los sentimientos autosensibles aparecen desfigurados o deformados. Un fenómeno parecido, en el campo del pensar, es la *asociación*, que no es ningún pensar, no existe para el conocer, sino *para sí misma*, aunque disfrazada de pensamiento, del que toma prestada su forma exterior. Ahí donde no tenga lugar un pensar nuevo, aparecerá, frente a un "estímulo", una "respuesta" acabada, semejante a un pensamiento, en sus diversas gradaciones. La vida cotidiana consiste en su mayor parte en esas formas de comportamiento de "estímulo-respuesta", como las que describe la psicología conductista. Pero esas formas indican, precisamente, lo no específicamente humano en la "conducta", la parte muerta de la vida anímica, convertida en *costumbre*. La primera vez, todo estímulo y toda respuesta tuvo que ser comprendida o creada.

La región de lo reflejo va desde las respuestas de rutina hasta los pensamientos patológico-compulsivos. A ellos no sólo pertenecen las meras fórmulas mentales, sino también las líneas ideicas características, las derivaciones mentales preestablecidas que a menudo sirven para evitar los *nuevos* pensamientos. La lignificación, el endurecimiento del pensar que se produce al intentar enfrentarse a nuevas situaciones y problemas mediante antiguos esquemas mentales, es una forma de manifestación de ese fenómeno; surgen formas de pensamiento en lugar del *pensar*. No obstante, en edad avanzada, a menudo se produce un aflojamiento de esa rigidez y aparece una nueva sensibilidad y capacidad de acogida para lo nuevo.

Lo que, en su conjunto, conocemos como vida ordinaria del sentimiento es, en el modo en que se halla *formado* y prefigurado, análogo al derivado y sustituto del pensar que antes hemos descrito. Es como si esos sentimientos tuvieran cursos prescritos, porque casi nunca son cualitativamente *nuevos* y se mueven en la escala de su única cualidad: "eso es bueno para mí", "eso no es bueno para mí". Y precisamente por eso no son elementos activos del conocimiento como tampoco lo son los "pensamientos-respuesta". No es difícil reconocer que el verdadero pensar que piensa lo nuevo debe tener su equivalente en los sentimientos *conocedores* que se oponen a los autosensibles. Ese tipo de sentimientos, experimentables en el arte, en la fe y en la lógica, son los sentimientos *primigenios,* mientras que los sentimientos cotidianos habituales son formas independizadas de la vida afectiva cognoscente, igual que los "pensamientos-respuesta" son formas desprendidas de la vida del pensamiento mismo.

La analogía con la vida del pensamiento se muestra también en la calidad monocroma de la vida afectiva común y en el ilimitado cromatismo de la vida del sentimiento cognoscente. Lo *pensado,* los pensamientos-respuesta, fueron causa de que se intentara concebir el pensar humano como un mecanismo o que se lo mecanizara, basándose en la creencia de que sus elementos fundamentales, las conceptualidades, se hallan *limitadas finitamente,* es decir, que el hombre no crea conceptos nuevos. Por ello, inconscientemente, se consideró que el objetivo a demostrar era que no es posible crear ningún pensar nuevo, ningún nuevo concepto, que el pensar ha de desaparecer y sólo ha de permanecer su sustituto. Igualmente se llega a la deshumanización en la esfera del sentimiento, porque se ignoran los sentimientos cognoscentes y se halla muy avanzado el cultivo exclusivo de los sentimientos autosensibles, lo que no ha dejado de ser fuertemente apoyado por la psicología, ejerciendo su influencia en la pedagogía y en la vida cotidiana, mediante la invocación al egoísmo como único motivo de acción. La concepción de que el hombre es, por naturaleza, "malo" o asocial, se apoya en las observaciones de la vida afectiva cotidiana del adulto y del niño corrompido por él, y en la interpretación errónea de la vida anímica del niño, por parte de una psicología que se halla cegada con el dogma de la básica previsibilidad y maldad del hombre. Ese dogma, sin embargo, tiene su historia previa y su origen en la vida religiosa decadente, determinada por la mala conciencia.

La vida del sentimiento en el niño pequeño está ampliamente *abierta,* es decir, no ha entrado en formas cerradas ni prescritas, y por esa razón es *cognoscente.* Eso se muestra ostensiblemente en el aprendizaje puramente intuitivo del hablar y del pensar, en el que solo el sentimiento cognoscitivo permite la comprensión de las palabras, gestos y estructuras sintácticas y semánticas de la lengua. Ese "comprender", obviamente, no es de índole intelectual, y es el mejor ejemplo del comprender supraconsciente. También el adulto habla, por lo menos su lengua materna casi sin errores, desconociendo su gramática. El aprender a hablar es un proceso imitativo, aunque es una *imitación capaz de comprender,* en la que el niño no sólo "imita" el fenómeno acústico, sino también al adulto que le habla, llegando hasta el origen mismo de sus palabras, de su pensar.

El momento y el modo en que surge en el niño el sentimiento autosensible es un tema que rebasa el marco de este estudio. El niño no se halla "insertado" anímica y sensitivamente en la naturaleza, en el mundo perceptivo, como lo está el animal desde que nace en la mayoría de los casos. Sus actividades afectivas son extensamente libres, puede "aprender" cualquier lenguaje del entorno, con independencia de su origen genealógico. La vida afectiva, por lo menos parcialmente, se ve encuadrada en la "imitación" del entorno adulto. Pero hay que suponer que a ese proceso contribuye también un componente independiente del entorno, que procede del destino evolutivo de la persona y de la humanidad. Para convertirse luego en individuo libre y autónomo, el hombre ha de comenzar emancipándose del "mundo" en su sentimiento. Lo que en la religión se denomina el pecado original, es equivalente al "orientarse hacia dentro de uno mismo", al giro sobre sí mismo por parte del sentimiento, que pasa desde la sensación *per se*, a la sensación *de sí mismo*, como un rayo cuando se curva y acaba creando una forma cerrada. Es un sustituto provisional y una preparación del objetivo de convertirse en una luz que se experimenta a sí misma en la presente actualidad de la palabra; en su lugar surge un sentimiento autosensible en la presente actualidad de tipo onírico del sentir.

El pensar vivo todavía no configurado en palabras y que podríamos llamar *protopensar* o comprensión primigenia, es un proceso universal. Paralizado en la conciencia humana, ese proceso universal desemboca en el sujeto; su contenido sigue siendo universal en la medida que no sea contaminado por el no pensar. Como contenido, lo pensado puede captarse como si fuera un mecanismo y acabar mecanizándose. Los sentimientos autosensibles son formas que tienen vida, pero totalmente subjetivas y cerradas en sí mismas. Parecen ser una "reacción", una respuesta afectiva a estímulos y situaciones, una especie de mecanismo. El aspecto abierto, cognoscitivo, del sentir mismo, de carácter universal, solamente se puede experimentar en la conciencia como una experiencia límite.

El hombre actual conoce la tercera función anímica, la voluntad, casi exclusivamente como elemento totalmente subjetivo, por lo menos en lo que se refiere a su posibilidad de ser discernida. Lo que generalmente llamamos voluntad se hace consciente, en tanto que fenómeno en el mundo perceptivo, como *resultado* del querer o como experiencia limítrofe de la conciencia, como poder o no poder querer. Las formas subjetivas de la voluntad surgen siempre unidas con representaciones, con motivos conceptuales. No existe ninguna voluntad "vacía" de la que no se sepa *qué* es lo que quiere. Ese *qué* es una representación o un pensamiento y estos llegan a la conciencia. Ello muestra que también en esa región existe una gradación desde el acto volitivo plenamente consciente[1] basado en el conocimiento y la decisión, pasando por el actuar semiconsciente en base a un sentimiento o un deseo, hasta la actividad casi automática que surge del hábito o quizás de alguna costumbre afectiva. Aunque surja siempre de una imagen mental, la voluntad lo hace separada del pensamiento; podemos pensar o representarnos algo sin quererlo, y podemos hacernos la misma representación porque queremos hacerla. Si la voluntad es puesta en movimiento por el aspecto no autónomo

---

[1] En este caso puede decirse que es <u>voluntario</u> y no meramente volitivo.

de la voluntad *propia* del yo, surge una situación conflictiva fundamental en el alma. Una situación que ya conocía San Pablo (Romanos 7; 15-23).

Hay que destacar que la voluntad nunca aparece sin una imagen conceptual representativa, la mayoría de las veces acompañada de sentimientos. Esto apunta hacia la vinculación original de las tres funciones anímicas que aparecen separadas en la actual conciencia. No es difícil descubrir la unidad entre el pensar y el querer en el pensar puro, concentrado. Cuanto más el pensar se convierta realmente en pensar, tanto más piensa factores *nuevos,* y tanto más ha de haber allí una voluntad para crear eso nuevo en el pensar. En tal caso, el pensar es voluntad *luminosa,* muy distinta de la "oscura" voluntad que actúa en todo movimiento corporal, separada del motivo mental (en el que uno mismo ha de llevar a cabo el movimiento), pero que nunca hace su aparición en la conciencia sin esa motivación.

En el pensar puro no podemos distinguir la voluntad del pensamiento, no queremos pensar *algo,* porque ese *algo* estaría ya pensado, sino que nos hallamos con un pensar-querer que improvisa. En la medida en que el pensar en su fase viva es un proceso cósmico, lo es también la voluntad, que es idéntica al pensar. El pensar es precisamente vivo gracias a que vive la voluntad en él. En el pensar intelectual o pensado que se basa en el pasado, falta precisamente la voluntad; esta ha sido apartada y, como acto anímico "oscuro" y apenas consciente, sólo puede unirse exteriormente con la motivación para ayudar a su realización. En el pensar puro, la voluntad convive con el sentimiento mediante el cual se lleva a cabo el pensar en su lógica supraconsciente y en su objetivo de llegar a la verdad. Las tres funciones anímicas son realmente una unidad en ese *conocer* y sólo se pueden diferenciar si se enfocan desde el estado de separación.

Junto al pensar, el *percibir* es la función anímica en la que somos cognoscentes. Aunque esta última facultad se relaciona íntimamente con el pensamiento, el papel de la voluntad en la percepción es distinto. Es *nuestra* voluntad la que decide *sobre qué* pensamos. Pero el contenido de lo que pensamos se sustrae a nuestra voluntad cuanto más intuitivo y espontáneo sea el pensar. *Nuestra* voluntad ha de retirarse en lo posible, porque en la medida en que el pensar sea más puramente un proceso cósmico, en esa medida se convierte en pensar nuevo, creativo.

Cuando el percibir aparece plenamente consciente mediante la atención selectiva, *nuestra* voluntad se utiliza para alejar las influencias perturbadoras; el *contenido* de lo que percibimos es asunto de la voluntad del mundo que, desde el entorno, les *habla* a nuestros órganos sensorios. Al hombre actual no le es fácil considerar que lo que el mundo y la naturaleza le ofrecen a nuestros sentidos es un lenguaje o una escritura, y aún menos fácil por el hecho de que no lo entendemos. Ello se muestra en la forma esencialmente distinta en que contemplamos lo creado por el hombre y lo creado por la naturaleza. El objeto creado por el hombre se entiende como objeto en su *función;* para los objetos y fenómenos naturales no disponemos de una *verdadera* conceptuación, porque desconocemos su "función" que no responde a un pensamiento intencional humano, desconocemos, pues, su sentido. La función y a la vez la esencia del cuchillo nos es conocida, pero su sustancialidad es ya un enigma: ¿Cuál es la función o el sentido del hierro, por ejemplo? El químico no sabe mucho más al respecto que el profano. Y aun así la naturaleza, como imagen perceptiva, es *lenguaje*, porque muestra cualidades y leyes, consta de esto y de aquello, de elementos concretamente cognoscibles. Al principio damos nombre a los fenómenos de la naturaleza de un modo nominalista[2], pero sólo se puede dotar de nombres a aquello que puede denominarse, y por tanto a aquello que sea concretamente conceptual, verbal. Esa condición se le escapó a los Nominalistas.

La naturaleza está hecha de elementos susceptibles de ser pensados y que por el momento somos incapaces de pensar. Tras los fenómenos, se halla la voluntad que ha producido esa *verbalidad*, porque ninguna palabra surge así, por casualidad, sin una voluntad que hable. No se trata, evidentemente, de una voluntad que decide en el presente, sino de una voluntad establecida, que no se modifica. De otro modo no sería posible la ciencia natural. Igual que en una palabra humana, en una frase, se manifiesta la voluntad del que habla, de la misma manera resuena a través de la naturaleza una voluntad ajena a nosotros, una voluntad a la que procuramos adecuarnos en la percepción. Y decimos: «hágase tu voluntad".

Cuanto más se vea impregnado nuestro ser anímico perceptor por la voluntad parlante del mundo,

---

[2] Es decir, que no considera reales las ideas que subyacen en las cosas, sino una simple denominación arbitraria creada por nosotros que nos ayuda a orientarnos con respecto al mundo. (N.d.T.)

tanto más plena será la percepción: Para comprender realmente la naturaleza se necesitan conceptos de tipo superior, como mínimo conceptos que sean vivos, como ya insinuamos en el capítulo anterior. ¿Cómo podríamos tener un concepto de la *vida* si ese concepto mismo no viviera? Por eso carecemos de un concepto de la vida, como lo muestra la aspiración de la ciencia a querer deducir el fenómeno de lo vivo partiendo de lo inorgánico y captarlo según leyes que proceden de la región de lo que no es vivo.

Así como en el pensar y el sentir, junto a la actividad plenamente consciente, encontramos formas acabadas y semiconscientes con las que respondemos a los estímulos de un modo casi automático, existen, junto al percibir *nuevo* y consciente, tipos de percepción que transcurren de una manera automática y semiconsciente. Y son ellas las que predominan en nuestra vida cotidiana.

Por lo general, percibimos de forma superficial e influidos por representaciones acabadas. Las predominantes formas caducas de la vida anímica condicionan ampliamente la imagen que la ciencia del alma se hace del hombre y que contribuyen fuertemente a extender la debilitación patológica de la conciencia.

En el pensar puramente intuitivo y en el percibir plenamente consciente, actúa en el hombre una voluntad del mundo cuya dirección es *inversa* a la de voluntad ordinaria: no surge del hombre, sino que se le acerca desde fuera. Incluso cuando el hombre actúa por sí mismo, su voluntad, que se halla en un estado de conciencia del dormir sin sueños, también es una fuerza universal que él puede manejar gracias a que ha sido separada de su parte verbal o ideal suprahumana. Por ello, esa voluntad no es consciente como proceso. Cuanto más intuitivo sea el pensamiento que determina la voluntad, –es decir, que él mismo sea un proceso universal– tanto más *creativo* será el actuar, es decir, moral, continuando la obra de la creación, contribuyendo al mundo dado con nuevos aspectos. Y del mismo modo que el pensar y el percibir tienen formas caducas, automáticas, condicionadas por los estímulos, también las tiene el actuar humano, en la medida en que sea consecuencia de impulsos semiconscientes y subconscientes.

-B-

En el pensar, el ser humano detiene un proceso universal que es paralizado por su reflejo en el cerebro. Con ello, el ser humano puede acoger y proseguir por sí mismo ese proceso universal mediante un nuevo *comienzo* en libertad. En la voluntad es posible un gesto análogo. El conocer se distingue del actuar sólo en su graduación, no es un copiar, sino un crear.

En el pensar y en el percibir, el Verbo Universal habla al hombre, y habla dentro de él. En el pensar resuena aquel aspecto del Verbo Cósmico que se le ha hecho inteligible al hombre según su nivel evolutivo; en el percibir resuena en él el Verbo, pero aún no lo entiende, porque carece de conceptos adecuados. En el conocer y en el actuar partiendo de la intuición, el Verbo, a través del hombre, añade algo nuevo a lo creado; en el conocer aparecen a través del hombre las ideas, y cuando el ser humano actúa se modifica el mundo perceptible. Lo *nuevo* en el mundo aparece hoy sólo a través del hombre, gracias a su facultad de *generar* nuevos *comienzos*.

El hombre se realiza en la vida cognoscitiva y en su forma superior el actuar intuitivo. El Verbo Cósmico resuena a través de él, a través de su "volver a empezar". Y como éste es verbal, no actúa de forma *coactiva* o *causal,* sino que el hombre puede entenderlo y decidir si actúa o no de acuerdo con él. Puede captar la palabra, hacer que se detenga y permitir que siga resonando mediante su *propio* actuar. Por eso, el conocer y el actuar humanos son a la vez "hijos de Dios" e "hijos del Hombre".

Mas ese es un ideal que raramente se realiza. El proceso universal, supraconsciente para la conciencia de vigilia cotidiana, se detiene en el hombre, y en el pensar, sentir y querer se generan formas independizadas y cerradas. La vida anímica actual consiste, en su mayor parte, en esas formas del sentir y del querer, descendidas y no cognoscentes, cuyo conglomerado se mantiene cohesionado gracias a las formas de pensamiento ligadas a ellas. En ese conglomerado penetra de vez en cuando la luz del pensar nuevo. A menudo ese pensar se halla también al servicio del alma autosensible y por tanto no es ya un pensar *puro,* pero el elemento universal permanece parcialmente y gracias a ello el hombre puede ir luchando por salir del estado patológico cuando es capaz de captarlo. Las dolencias anímicas se basan en su conjunto en el estancamiento de las fuerzas cósmicas y muchas enfermedades corporales son consecuencia de trastornos anímicos prolongados. Ese estado patológico que culmina en la época del intelecto no ha de ser una "enfermedad que conduzca a la muerte", es una *fase necesaria* que hay que superar en el camino, cuando el hombre lo emprende y dirige por sí mismo, del camino que, sacándole de su naturaleza de criatura, lo conduce a continuar, de manera responsable, la creación en el mundo.

Lo que por un lado es una enfermedad, contiene por otra parte el posible punto de partida de la curación, de la sanación de la humanidad. La autoconciencia pensante es capaz de tantear sus propios límites y reconocer en las experiencias limítrofes sus tareas ulteriores. Puede descubrir la propia dolencia y también su síntoma central, que consiste en la tendencia o afán de reducir las funciones cognoscitivas de la conciencia a mecanismos no cognoscentes. Esa reducción misma sería un producto del mecanismo previamente existente y no cognoscitivo, al que le faltan todas las características necesarias para constatar la verdad o el error. Dicho de otro modo: no existiría *nadie* que pudiera probar la teoría producida. No es difícil darse cuenta de que la creatividad no puede atribuirse a los propios productos. A la conciencia le queda pendiente la tarea de orientarse hacia *las fuentes* de su creatividad.

Para fomentar esa aspiración habríamos de describir aquí un sendero de instrucción en el conocimiento, que fuera a la vez un aprendizaje moral, puesto que el conocer y el actuar se hallan íntimamente vinculados, y en particular a esos niveles superiores. Pero esa no es la misión de este estudio, aunque podamos entrever en él el curso y estilo general de ese sendero.

La clave del desarrollo de la conciencia, adecuado a esta época, la encontraremos en la *atención*, que ya hemos mencionado como gesto eminente de la autonomía. La atención se utiliza y practica de dos modos en el sendero del conocimiento. Y ambos tipos de ejercicios se vinculan entre sí. La atención se *ejercita* y el ejercicio implica reservarse períodos de tiempo a lo largo del día. El ejercicio se lleva a cabo concentrando la atención en esos momentos, y el resto del tiempo, el que los practica, vivirá de manera normal y espontánea. Cuanto menos se extienda el estado de ánimo y la conciencia de los ejercicios a través de la conciencia ordinaria al resto del día, tanto más se transformará positivamente ese período restante a través del ejercicio.

Un tipo de ejercicios persigue orientar la atención a las experiencias limítrofes de la conciencia, a experiencias limítrofes en el pensar, sentir, querer y percibir. El otro tipo de ejercicios sirve para aumentar la concentración en el pensar y el percibir, y para manifestaciones anímicas más complejas, sobre todo en el hablar con otras personas.

En momentos determinados, uno dirige la mirada a las experiencias limítrofes en el pensar. Con el pensar concreto, es decir, mediante pensamientos determinados, se puede investigar y tantear el "lugar" y el "estado" en que se encuentra la indeterminabilidad del pensar, a partir de la cual proceden todas las determinaciones. La indeterminabilidad hay que entenderla de manera relativa, es decir, con respecto a lo concretamente pensado. En la ilación de las ideas uno intenta seguir paso a paso el modo en que transcurren, su "logicidad" y su evidencia; uno intenta *vivenciar* la *inevitabilidad* del pensar. Si, por ejemplo, se niega el valor del pensar, uno descubre que esa negación se lleva a cabo también mediante el mismo pensar que se está negando. Habrá que hacer observaciones y pensamientos sobre la naturaleza de las intuiciones e intentar discernir entre intuición y asociación, a la vez que despertar una atención discriminativa frente a los grados intermedios.

En el campo del sentir, la atención se dirige a los sentimientos cognoscitivos, en un principio escasos. Y hay que buscarlos sobre todo orientándonos hacia la sensación de evidencia y hacia la actividad artística. Ya hay mucho que descubrir en la difícil distinción entre sentimiento de la verdad y la simpatía. Se puede intentar dirigir la atención a los diversos *colo-*

res del sentir que surgen frente a diversas verdades. El hecho de que el ejercitante se fije en el elemento cognoscitivo del sentir, se va convirtiendo en él en posibilidad de fortalecer ese elemento. Compárese el saber que tienen los sentimientos cognoscitivos con la cualidad que poseen los autosensibles. Mediante la atención que se dirige hacia ellos, se fortalecen los rudimentos del sentir cognoscente y a la vez se desarrolla un nuevo órgano para ese tipo de sentimientos.

Al *vivenciar* los sentimientos habituales hay que ejercitarse intentando entregarse plenamente a ellos, dejándose inundar por ellos, y cuando se *intenta,* se despierta, en la voluntad silenciosamente directora, de aquel que lo *vivencia,* el *testigo* de esas oleadas interiores que, de otro modo, suelen transcurrir sin verdadero sujeto. El observador despierto contempla esas olas, no con mirada de pensador intelectual, sino que intenta *vivenciarlas* sintiéndolas, mediante un nuevo sentir dentro del sentimiento.

La atención del investigador puede descubrir el elemento volitivo en el pensar y captar la diferencia entre ese elemento y la voluntad que se halla presente en todo movimiento corporal deliberado. Este último acto volitivo tiene siempre algún propósito. Mas el ejercicio de una actividad sin motivación alguna, "superflua", como por ejemplo el que en un momento prescrito hagamos un recorrido circular en cualquier parte, siempre en la misma dirección, esa ejercitación sirve para *vivenciar* la voluntad libre. Nunca ha de producirse mecánicamente, y hay que intentar ser conscientes de cada uno de los pasos interiores que constituyen el acto; por ejemplo, discernir entre el pensar en una actividad y la decisión de llevarla a cabo, llegando a ello, en etapas posteriores, con el mero pensar, sin ningún tipo de actividad (exterior). En la actividad, la conciencia ha de estar despierta y ha de comprobar los detalles en lo que se refiere a la intención y la ejecución.

El percibir es de más difícil acceso a la observación interna. No obstante, con un cierto esfuerzo, se puede llegar a la experiencia de que en el percibir uno oscila con rapidez entre el hallarse entregado sin egoísmo y la retracción en la que uno se *vivencia* a sí mismo. En esa oscilación, el retirarse hacia dentro conduce a la experiencia del elemento conceptual producido por uno mismo, mientras que la entrega suministra algo que habitualmente no es de índole conceptual, pero que ha de existir para que se produzca la percepción. Se intentará entonces sentir cada vez más esos últimos componentes mediante el enfoque de la atención sobre ellos.

Los ejercicios mencionados ya requieren de por sí, una concentración de las facultades anímicas. Las facultades autónomas pueden también fortalecerse de modo directo. El aumento de la concentración en el pensar comienza con el "pensar sin motivación", es decir, con el pensar no egoísta sobre un tema fácilmente abarcable por la mente y que no requiere nuevos conocimientos, ni esfuerzos intelectuales. Un tema así lo constituye un sencillo objeto fabricado por el hombre cuya esencia consiste en su función. Practíquese con concentración el pensar y hágase imágenes sobre ese objeto, en sus características y propiedades exteriores, en su función, procurando evitar cualquier desviación o distracción. Después, se intenta pensar en la idea que subyace en la invención del objeto, que es idéntica con su función general. El "pensar" una idea no es ningún pensar ordinario. El modo en que la idea se le ocurrió al inventor carecía de palabras y de imagen representativa, y así es como ha de "pensarse" en el ejercicio. El pensar sin palabras *es* un pensar vivo y puede desarrollarse aún más en la *meditación*, fase posterior del sendero de ejercitación. La meditación parte de un tema que expresa una comprensión sobre lo creativo en el mundo o en el hombre, tema que, con el pensar intelectual, sólo es inteligible de manera formal.

En la concentración del percibir se descubre, sobre todo, con qué intensidad la percepción se ve influenciada por representaciones ya existentes y cómo ello perjudica su exacto ejercicio, porque son representaciones "superfluas". Se ha de intentar entonces, en el *ejercitamiento*, observar o escuchar con gran precisión, y prestar atención sobre todo en la singularidad de los objetos perceptibles, que no se puede traducir con pensamientos o palabras. Pero se puede descubrir que, si no prestamos atención a su inexpresabilidad, las singularidades son *verbales,* es decir, *parlantes* en un sentido superior, como todo en la naturaleza: es un hablar suprahumano. Comprender este hecho será más tarde lo que persiga la meditación sobre la percepción.

Siempre fue parte del sendero de autoeducación el disolver progresivamente las costumbres y hábitos adquiridos de la conciencia, porque obstaculizan la vivencia intuitiva. A ello sirven ejercicios como los descritos en el óctuple sendero del Buda, como por ejemplo, "la palabra correcta": cuando hablo no he de tener otra meta que expresarle algo a otro y comunicarle alguna cosa. Pero generalmente el hablar suele estar motivado por otras razones, por pasar el tiempo, por convención, etc., cosa que hemos de evitar mientras practicamos el ejercicio. Durante el tiempo que dura el ejercicio se ha de seleccionar, regular y controlar, con estricta conciencia, el contenido, el tipo y la medida de la conversación, que a la vez ha de adecuarse a los interlocutores.

Los siguientes ejercicios irán surgiendo de manera individual en el ejercitante, según hayan sido las experiencias con los ejercicios iniciales. Su objetivo es el fortalecimiento del principio autónomo e inicialmente capaz del "yo soy" y la ampliación de las facultades cognoscitivas. Esos ejercicios acaban sanando al alma enferma, es decir, que está más enferma que el estado ya patológico que suele llamarse "normal". A menudo la enfermedad implica también una mayor sensibilidad para nuevas formas de conocimiento, en la medida en que dicha enfermedad haya surgido, por ejemplo, a raíz del malogrado cultivo de facultades potenciales. En ese caso, después de la curación, y a veces antes, surge un rápido crecimiento de fuerzas cognoscitivas. Con una atención aumentada hacia los hábitos y el equilibrio interior, el hombre aprende a preservarse de errores y de formas extremas de comportamiento.

Obviamente, los ejercicios mencionados u otros semejantes sólo pueden realizarlos personas sanas o solo ligeramente enfermas. Para los que tengan trastornos mayores, los ejercicios pueden ser modificados, según los casos, por un consejero, médico o amigo, que los transformen y resalten en determinados detalles, según la naturaleza del enfermo y en una forma que pueda ser realizable. Y esto sólo cuando el que ofrece la ayuda sepa, por experiencia, la índole de cada ejercicio y cuál es el estado en el que se encuentra la persona a quien ha de ayudar.

La manera en que la atención fortalecida confluye con el "objeto" del ejercicio, la manera en que ese objeto se estructura o es estructurado de nuevo mediante la atención, es la primera experiencia intuitiva de lo que en las antiguas épocas del hinduismo se expresaba con la frase *tat vam asi - eso eres tú*. La separación entre el yo y el mundo va desapareciendo en los períodos de ejercicio, sin que desaparezca el individuo experimentante. Se da cuenta entonces de que la "atención", en su forma fortalecida y transformada, es un proceso cósmico que él mismo pone en movimiento y al que es igual en esencia.

III

EL SUBCONSCIENTE

-A-

Las funciones cognoscitivas del alma, el pensar y el percibir, son originariamente procesos cósmicos, y en la medida en que el sentir y el querer se transformen en actividades cognoscentes, estos dos últimos también forman parte del Verbo Universal. Todos los procesos cognoscitivos tienen lugar gracias a la colaboración del hombre, gracias al sujeto capaz de hablar y de ser hablado, que vive autónomamente en los procesos universales del conocer, que es capaz de comenzarlo todo de nuevo y que inicia esos procesos con dicha facultad. En lo que se refiere a los procesos de conocimiento, no se puede afirmar que surgen "del hombre", ni que surgen "del mundo". En el *proceso* del conocer todavía no existe la polaridad entre hombre y mundo; el sujeto y el objeto sólo se separan en el resultado del conocimiento. Lo que habitualmente llamamos "mundo" lo denominamos así *después* de que hayamos hecho el acto de conocimiento. *En el conocer,* el "mundo" todavía contiene al sujeto; es un mundo monista, fuera del cual, a través de la desvitalización de las ideas y representaciones, surge la conciencia del pasado, y con ella la visión dual del mundo.

Lo que hay de arbitrario en el alma y que a menudo actúa en contra de la autonomía del yo, comienza en la vida anímica autosensible en lo que, como modelo de sentimientos cerrado, se ha separado del sentir que vive más allá de las formas. Así como se

aíslan esas formas de sentimiento, relativamente fáciles de ver, del mismo modo la prolongación anímica se infiltra *hacia abajo,* donde la conciencia de vigilia
no tiene acceso.

Al principio del capítulo anterior dijimos: "Si lo
conociéramos todo y de forma completa, carece-
ríamos de vida anímica con carácter autosensible".
Y ahora podríamos añadir: "Tampoco tendríamos
ningún subconsciente como nivel más profundo del
alma, emparentado con ánimo autosensible". Pero
también podríamos decir: "Si no conociéramos *absolutamente nada,* si fuéramos incapaces de generar
conceptos como es el caso del animal salvaje, tampoco tendríamos un subconsciente, ni una vida anímica autosensible". El animal, a excepción de los que
viven en la cercanía del hombre, es guiado por una
sensibilidad relacionada con sus procesos vitales, y
esa sensibilidad o "sensación vital" se extiende sobre todo lo natural vinculado con la vida del animal,
es decir, se expande también fuera de su cuerpo, pe-
netrando en lo atmosférico y lo meteorológico, en el
acontecer de la tierra, porque su vida está sumergi-
da en todos esos procesos. Sólo tiene instintos e impulsos "sabios". Los instintos sabios en el hombre
son escasos y aparte de ellos suele poseer pasiones
e instintos muy poco sabios, en los que la forma de
sentimiento autosensible se halla entrelazada con un
componente volitivo sobre el cual el sujeto pensante
tiene poco o ningún poder. La voluntad de autodes-
trucción o capacidad de perjudicarse a uno mismo es
desconocida para el animal.

Hemos de buscar la causa de ese hecho en que
los procesos cósmicos llegan a un estancamiento en

el hombre, en él se ven interrumpidos. Una parte de esos procesos se hacen conscientes en él, y el resto no puede ser captado conscientemente, porque la conciencia no está aclimatada para ello. Ese resto se convierte en "efecto". No es un efecto mecánico o físico, sino que el ser humano se ve confrontado por fuerzas del alma y del espíritu que no puede acoger *conscientemente*. El mismísimo hecho de que una parte del Verbo Cósmico se haga consciente, hace que dichas fuerzas se separen de la sabiduría universal y generen "formas" independientes que hoy irrumpen en el comportamiento y en la conciencia del hombre como impulsos subconscientes. De las fuerzas de sentimiento inicialmente cognoscitivas, que hablan desde el cosmos, pero que han sido acogidas sin conciencia, se generan formas autosensibles de sentimiento. En lo relativo a la voluntad, se ve con claridad ese proceso.

Los llamados impulsos o instintos sanos en el animal y en el hombre, y que se apoyan en la constitución del cuerpo físico o que provienen de los procesos vitales, no se han separado de su "motivación", de su objetivo, y no se distinguen en nada de ellos.

Así sucede con la apetencia en el animal y también parcialmente en el hombre, por ejemplo, en los apetitos como el hambre o la sed, que no residen en el afán de placer. Lo mismo no es válido para lo sexual en el hombre. Lo que llamamos voluntad sólo surge en el ser humano. De ella se ha separado el motivo mental, la representación, y el hombre sólo es consciente de este último. Por eso, el ser humano dispone de una voluntad, de aquello que en los seres naturales ya se halla unido desde el principio con el "motivo", pero que sólo aparece como voluntad cuando se ha producido la separación. El hombre puede entonces vincularla con motivos escogidos por él mismo o impulsados por los apetitos. La unidad de la naturaleza se rompe en el hombre al separarse el motivo de la voluntad. Esta última se halla en un estado de conciencia de sueño profundo, pero está disponible para la vida autónoma puramente mental y también lo está para la representación que no procede de la vida autónoma del pensamiento, sino de la búsqueda de autosensación. De esta última surgen también los instintos "no sabios" del hombre.

La formación del subconsciente *colectivo* se relaciona íntimamente con la posibilidad de que el hombre tenga vivencias en las fronteras de su conciencia. Como ya sugerimos en el capítulo "Conócete a ti mismo", el hombre actual se halla sometido a dos tipos de experiencias limítrofes: hacia arriba, lindando con el supraconsciente, hacia abajo, lindando con el subconsciente. Por el hecho de que los procesos cósmicos se ven interrumpidos por la conciencia humana pensante, el alma tiene fronteras, y se siente a sí misma como conciencia de esas fronteras. El alma humana individual, sin embargo, oculta en su interior un componente dinámico: el Logos, que "se incrementa desde sí mismo". Y es el Logos el que hace del hombre un ser del verbo, un ser cognoscente. Pero eso implica también que el hombre *nunca* puede ser un ser terminado, acabado en su evolución. Él lleva consigo el único germen viviente en el Cosmos, el Logos, que no se halla sometido a leyes. Ese aspecto viviente que hay en su interior es aquello sobre lo que pudo trabajar la pedagogía de la humanidad hasta la época del alma consciente. En el momento en que el hombre es capaz de contemplar su conciencia, mirar su pensar pasado y que no sólo lo hagan unos cuantos escogidos, sino la mayoría, el destino del hombre y su conciencia se ponen bajo su propia responsabilidad. Las cosas pueden llegarle desde fuera sólo a través de su pensar autoconsciente, a través de su "pienso, luego existo". El germen del Logos crece constantemente en su interior, el hombre amplía su mirada interna hasta los límites de su conciencia, hasta el "umbral". Los manantiales de la conciencia se *vivencian* entonces como experiencias limítrofes. Una de las cuales consiste en que el hombre experimenta lo que le haría decir: "Aquí hay una realidad", pero *lo que* ella es no puede conocerse dentro de sus fronteras, con los medios de la conciencia. De ese modo surge, o bien el *"ignorabimus"*, o bien se intenta elaborar la vivencia limítrofe sin elevar el pensar a un nivel superior. En ese caso surgen imágenes mentales como la de *"la cosa en sí"* (de Kant), pero que no deja de ser *cosa;* la del *subconsciente* sobre el que uno piensa y que aprende a conocer; la de la *materia,* que carece de propiedades y sin embargo la pensamos; la de la *substancia* de todos los elementos conocidos (de la tabla periódica). Ese tipo de "elaboración" nunca hace justicia a la realidad que hemos tocado, pero precisamente por ello, los "conceptos" surgidos no pierden su dinamismo y poseen fuerza de atracción emocional volitiva. Aparecen como inspiraciones colectivas inconscientes y poseen un papel decisivo en la vida moderna de la humanidad. Tienen una vida en el trasfondo que nunca es captada conscientemente e impulsan al pensar en la dirección ya establecida, siempre enemiga del Logos.

Lo común en estas "conceptualidades" es que con ellas se busca pensar lo impensable, lo que es impensable principalmente para la conciencia *dentro* de sus fronteras, pero que uno lo *siente* fuera de ellas. De ahí lo contradictorio en esos "desconceptos": que la materia como portadora de todas las cualidades y propiedades haya de carecer ella misma de propiedades es algo impensable y no perceptible, porque sólo se puede percibir y pensar lo que sea cualidad. Esos "desconceptos" que proceden de experiencias colectivas limítrofes son los que forman el verdadero inconsciente, no el junguiano. La psicología ingenuamente realista nunca los percibe, porque otros elementos presuntamente colectivos los ocultan, y en ellos surge ese inconsciente colectivo real como "conocimiento", como principio esclarecedor, como descubrimiento científico. Así la "idea" de lo inconsciente, del que surgiría aquella conciencia que habla de ese inconsciente.

Por la confrontación con las fuerzas de luz que aparecen en sus fronteras, la conciencia se ve obligada a elegir: o ha de ampliar hacia afuera sus fronteras, es decir, incrementar sus poderes lumínicos, elevar su nivel, o ha de dirigir hacia el inconsciente las fuerzas a las que se ve expuesta. Entonces actúan desdé allí, "inspirando" al pensar no modificado que sigue dominando, y con ese tipo de inspiración surge, en la mayoría de los casos, la imagen refleja "oscura", no verbal, de la fuerza lumínica rehusada.

En épocas precedentes, la confrontación con las fuerzas espirituales siempre renovadas se realizaba bajo la protección pedagógica de la humanidad de aquel entonces: como transición de la cultura, de la vida espiritual hacia una nueva constelación estelar, hacia nuevos dioses, hacia un nuevo culto como señal del cambio de los dioses que regían en el cielo. Las fuerzas de luz, procedentes de los mundos espiritual y natural, constituidas entonces aún como *un* solo mundo, y que todavía inflamaban a los hombres, se hallaban subordinadas a determinados dioses, eran del dominio de los dioses, eran fuerzas divinas, personales, verbales. Las figuras de los dioses y los mitos eran captadas por los iniciados como imágenes de potencias con las que se producía un intercambio real. De ellas habrían de surgir las fuerzas de la conciencia humana. Las imágenes actuaban sobre el alma humana que las "veía" como gestos espirituales y les daba realidad como ademanes del conocimiento. Actuaban sobre el alma de modo parecido a como hoy lo haría una meditación, bajo la iniciativa del hombre. La multiplicidad de los dioses señalaba la multiplicidad de los reinos de existencia que hay en el mundo y en la vida humana, aspectos de la vida y del conocimiento. Los Dioses eran personalidades con carácter, rostro y destino individual; de ellos el hombre fue aprendiendo a ser un individuo, un yo. Las imágenes de los dioses no eran contenidos de la conciencia, sino rudimentos de futuras facultades. Uno se podía someter a la protección de las regiones que se intuían detrás de esas vivencias limítrofes, mientras que de dichas vivencias no se hubiera disociado todavía el contenido conceptual inadecuado.

En la experiencia religiosa se produce una elevación del nivel de conciencia cuando hay una confrontación con las vivencias limítrofes. Si eso no sucede y la conciencia trabaja sobre la experiencia límite a un nivel racional, la explicación de la realidad que se oculta tras esa experiencia acaba cayendo por debajo de ese nivel racional. El denominado subconsciente, tal como lo descubrió la psicología analítica, tiene múltiples capas. Tiene una historia subjetiva, individual, y otra más colectiva. Lo que la psicología jungiana describe como colectivo forma parte enteramente de lo individual; lo verdaderamente colectivo, la vivencia limítrofe insuficientemente elaborada, le permanece inadvertida.

Si por un lado no hemos de imaginarnos la conciencia como un recipiente con contenidos o sin ellos, por otro el inconsciente tampoco es un contenedor o "lugar". La conciencia de vigilia es siempre conciencia de "sus contenidos", el subconsciente se muestra siempre como efecto concreto sobre la conciencia, en la conciencia. Imaginárselo como un lugar, como un recipiente o como un poder, no es más que una forma de representárselo que actúa siguiendo el modelo del mundo que nos es conocido. La llamada conciencia "vacía" puede surgir cuando se produce un cambio de nivel de conciencia.

El *subconsciente individual* era antes considerado como una actividad que se dirigía contra el sujeto pensante y perceptor. Hoy esas pulsiones inconscientes han sido en su mayoría justificadas y legalizadas por la psicología y la antropología y por ello se han elevado ampliamente al nivel de "derechos", "aspiraciones" y objetivos. Pero esa evolución en realidad sólo se refiere a lo que sucede en la variable superficie, mas no modifica en nada la estructura básica de la imagen: el hombre también capta el elemento relacionado con los sentimientos y la voluntad en la percepción y en el pensar de una manera *no cognos-*

citiva, y no puede tampoco pensar el elemento ideal de los fenómenos naturales. Con ello, la fuente de las formaciones subconscientes permanece inalterable. El hombre moderno no es anímicamente más sano que el de la época de Freud, lo único que ha cambiado son los síntomas de la enfermedad.

A partir de los elementos de sentimiento y voluntad no aprehendidos, se generan formas de sentimientos y volitivas no cognoscentes que llevan el signo de la egoidad. Esas imágenes como de ensueño que el hombre *vivencia* como si estuviera inserto en ellas y que le arrastran, determinan ampliamente su vida. En comparación con los conceptos, son más fluidas, menos precisas, se imbrican unas en otras y en su esencia son imposibles de captar conceptualmente, porque son vivas, mientras que los conceptos carecen de vida. De las formas anímicas que no han sido disueltas por el conocimiento adecuado se generan formas y hábitos de vida, enfermedades funcionales y al final trastornos corporales. Si esas formas no disueltas ni iluminadas por el pensamiento permanecen a lo largo de las encarnaciones, se las puede llamar fuerzas del destino. Las "formas" o complejos anímicos son comparables a los modos de comportamiento de especies animales concretas. No se hallan determinadas de manera rígida, porque las formas de reaccionar del animal pueden variar muchísimo según varíen las circunstancias, pero un tejón se comporta siempre como un tejón: su "círculo de intereses" está prescrito y limitado por su especie. En el fondo, un "complejo" es una "forma animal" interna, un modelo de comportamiento o una forma de sensibilidad que se ve estimulada ante una serie de motivaciones.

Por el Conocimiento Imaginativo se ve en la Ciencia Espiritual, la totalidad de las formas anímicas individuales en el plano del presente o de la vida, como la imagen del "Guardián Menor del Umbral", llamado el "Doble" en sus capas más profundas. Esas formaciones sólo se hacen visibles al hombre cuando, al desarrollar su conciencia y hacer un esfuerzo consciente, ha dejado de identificarse con su "naturaleza" que había ido formándose a lo largo de su destino. Esas formaciones tienen que ver con el "pecado" personal del que habla San Pablo (Romanos, 7:18-20): "Porque el querer el bien está en mí, pero el hacerlo no. En efecto, no hago el bien que quiero, sino el mal que no quiero. Pero si hago lo que no quiero, ya no soy yo quien lo hace, sino el pecado que habita en mí".

El subconsciente subjetivo estructurado por una realidad emocional y volitiva que se ha acogido de un modo no adecuado al propio ser, muestra, en sus formas anímicas, enorme similitud en la mayoría de los hombres, a pesar de su origen personal, y por ello es posible hablar de forma general sobre sentimientos, como por ejemplo la envidia, los celos, la avaricia, etc. A ese reino subjetivo, aunque similar en los distintos individuos, pertenecen también las facultades anímicas que no han llegado a ser interiorizadas. Fuerzas de conocimiento y de personalidad que en épocas anteriores le fueron otorgadas al hombre a través de la mitología, las figuras de los dioses, los símbolos. Si esas fuerzas no han alcanzado su objetivo, es decir, la interiorización en forma de "el Logos en mí", pueden irrumpir desde el inconsciente como imágenes y formas, es decir, *como contenidos, en lugar de facultades,* contenidos que recuerdan lo precristiano o lo presuntamente cristiano, o hasta incluso lo cristiano tradicional. En el caso de que no sean reminiscencias de cosas leídas o vistas ni tampoco formas inducidas por el psicólogo, es que se trata de formas pasadas del espíritu que en este período se han convertido en formas anímicas. Y precisamente por eso se muestran de manera anímica, como contenidos, porque no han sido realizadas como facultades. Esas formas-arquetipos forman parte por entero del substrato histórico individual del subconsciente, igual que sucede con los tipos de sentimientos generalmente extendidos y de los cuales se diferencian en el grado de inconsciencia y por su forma pictórica.

Lo que realmente podemos denominar *subconsciente colectivo* son las mencionadas "ideas" procedentes de vivencias limítrofes, las actitudes de la vida cognoscitiva, los síntomas patológicos colectivos de la conciencia que esta última no reconoce. Las vivencias limítrofes de la conciencia se le otorgan hoy al hombre como tareas de la evolución de la conciencia independiente; son zonas en las que se muestran los impulsos del Espíritu de la Época, sólo reconocibles y realizables mediante el esfuerzo humano, y como un desafío a dar el paso siguiente. Si ese desafío no es comprendido ni convertido en realidad por el hombre, la vivencia limítrofe se transforma, convirtiéndose en su imagen refleja en el subconsciente. Surgen así representaciones e "ideas" que poseen un cierto poder sobre la conciencia y el pensar, sin que sean pensables en absoluto: son representaciones impensables, irracionales, "intangibles", cuyo poder procede precisamente de sus impensables energías de sentimiento y de voluntad, acogidas por el hombre de manera no consciente en la situación de vivencia limítrofe. Así surgen los "desconceptos" o absurdos de la materia y de la partícula sin propiedades, del inconsciente como principio fundamental y de las muchas máximas veladas como "yo no soy"; las formas de pensar del "nada como...", del azar como principio-evolutivo, etc. El rasgo característico de todos ellos es que niegan plenamente la palabra, la realidad autónoma del verbo. Con ello se pierde la idea de la personalidad; el hombre y el mundo se consideran entonces consecuencias impersonales de una serie de improbables casualidades, y sólo se le da valor a la máxima que afirma esos presupuestos. Puede mostrarse perfectamente que la raíz de esa orientación mental reside en la pérdida de la idea del Logos.

La cualidad o contenido conceptual de nuestra imagen perceptiva, incluso cuando las cualidades no sean a menudo formulables en palabras, es decir, su *ser así* depende ampliamente de nuestra facultad cognoscitiva, de nuestra conciencia. El que el mundo perceptible "esté ahí", es una percepción subconsciente, coercitiva, que surge de la vivencia limítrofe y no resuelta de lo no conceptuable en la naturaleza. No podemos pensar en los fenómenos naturales con la conciencia de vigilia según su función, como se haría con los objetos creados por el hombre porque es una conciencia del pasado. Lo que no podemos pensar, la poderosa idealidad o verbalidad, aparece en el percibir como su "aspecto no conceptual", como duradero fundamento existencial del mundo, normalmente "previo al conocer", y que se ve luego explicado por la conciencia habitual, incapaz de imaginarse algo más luminoso, interpretándolo como algo material, oscuro y carente de idea. Que se lo represente *así* es una "inspiración" subconsciente colectiva. El fundamento del mundo que subyace tras la percepción es Luz Viva o Verbo, captable en la conciencia como pensar viviente, presente, procesual e intemporal, en el que el ser y el conocer son uno. Esa es la Prima Materia, todavía sin las formas ni cualidades de la conciencia vigílica, pero existente como virtualidad y quintaesencia de esas cualidades y propiedades, como origen de estas. La "materia" sin cualidades es la contraimagen más oscura de la Luz del Verbo.

Nos encontramos con la misma frontera del supra-consciente en el pensar, cuando preguntamos sobre su norte y su evidencia. Lo que hay tras la vivencia limítrofe es factualmente impensable e impercep-tible, pero no como principio, como sucedía con la idea de la materia, sólo lo es para la conciencia, para la cual se manifiesta como experiencia limítrofe. Le hace aún falta incrementar la luz de su conocimiento.

Ampliando las fronteras, elevando el nivel de co-nocimiento, la psicología podría encontrarse *adecua-damente* con las formaciones del subconsciente. Ella conoce muy bien que esa zona "irracional" no puede ser dominada con la racionalidad, porque, según la teoría, el raciocinio no es más que un débil vástago del poderoso subconsciente, pero la psicología no puede hacer otra cosa. Los sentimientos mismos ya son percepciones para las que no tenemos conceptos vivos que les correspondan, y por eso se convierten en "efectos", porque somos incapaces de percibirlos adecuadamente. Tanto ellos como las formas aními-cas son interpretados con conceptos inadecuados por la psicología que permanece en el nivel mera-mente racional. Por eso es por lo que se convierten en aquellas imágenes que conocemos como complejos, asociaciones, arquetipos, símbolos, etc. Mediante el sistema conceptual creado se generan todos ellos partiendo de una realidad emocional y volitiva inaccesible a la conciencia de vigilia y acaban cristalizándose al entrar en contacto con el germen de cristalización con el que se las aborda. Por ello es posible "interpretar" y manejar de distintas maneras una misma imagen y síntoma, las mismas formaciones imaginarias y sueños. Mediante su clasificación por "nombres", las fuerzas dinámicas subconscientes se identifican y se hacen parcialmente manejables. En ese tratamiento, el lenguaje, el verbo, la palabra, desempeñan un papel terapéutico, como también lo hace la personalidad humana del psicólogo o médico, mediante la relación humana que surge con él. La verdadera comprensión del subconsciente sólo le es posible a la conciencia que haya alcanzado un nivel en el que se mantenga despierta en las alturas del supraconsciente, a un nivel que se corresponda a la inversa con las mismas profundidades y vitalidad de los elementos subconscientes.

Cada vez más se le da al hombre la tarea de dirigir él mismo su destino, destino que consiste en la confrontación con las fuerzas cósmicas que actúan sobre él. La posibilidad de hacerse consciente de ellas se incrementa con el tiempo. Si esa posibilidad no se aprovecha, el hombre no actúa sobre la evolución de su propia conciencia y surgen formas subconscientes, de rasgos antihumanos, procedentes de las fuerzas cósmicas no comprendidas. Su forma característica se corresponde con la malograda labor sobre la evolución de la conciencia por parte del individuo y de la humanidad.

-B-

En la época del Alma Consciente, el hombre pierde definitivamente a los dioses, que antes podía percibir "fuera". La evolución le ofrece la posibilidad de descubrir lo divino en la vida de su propia conciencia: esa es la esencia del cristianismo. Mas, por otro lado, se ve expuesto, ahora ya sin la ayuda de los dioses, a fuerzas del sentimiento y volitivas que le llegan a través del percibir y del pensar. La humanidad, en su mayor parte, no se halla en disposición de experimentar esas fuerzas como *fuerzas de conocimiento,* y por ello se convierten, dentro del hombre, en formas de sentimiento y estructuras del subconsciente individual, en lo que la psicología llama de modo general "complejos", fuentes de formas irracionales de comportamiento.

En los últimos doscientos a trescientos años, la humanidad se ha visto expuesta a *vivencias limítrofes* de la conciencia, a experiencias extremas de su alma. En individuos aislados eso ya comienza a finales de la Edad Media. Son vivencias que implican una fuerte crisis para aquella humanidad que no hizo la evolución cristiana. Por la vivencia de la idea y de la figura del Logos, el cristianismo se diferenciaba de otras religiones monoteístas, pero esa idea del Logos o del Hijo de Dios también la perdió el cristianismo en torno al siglo IV. Por eso la humanidad no puede *vivenciar* el conocer, lo "logoico" y verbal como realidad fundamental, y no ve en las vivencias limítrofes de la conciencia el desafío y la posibilidad de desarrollar y comprender las verbalidades inmediatamente superiores, los conceptos vivos y sensibles, no ve en las vivencias limítrofes la aproximación a la fuente de su conciencia racional, pues se limita a vivirlas como fronteras absolutas, infranqueables. La conciencia reflexiona sobre dichas experiencias, sin modificar el nivel en el que se encuentra, actitud que no es precisamente racional. Y así se convierte en víctima de inspiraciones subconscientes que surgen cuando inteligencias enemigas del Logos, tornan el poder sobre estas fuerzas de conocimiento que no han sido dominadas. Son esas inspiraciones las que con razón llamamos *colectivas,* porque la humanidad occidental se aproxima colectivamente al "umbral" del supraconsciente o del mundo espiritual, sin percatarse de ello.

La psicología analítica descubre el subconsciente individual, una parte del cual llama *colectivo.* Por otro lado, existe toda una región distinta en la psicología que podríamos llamar la de las "facultades cognoscitivas". Esa psicología busca describir las facultades cognoscitivas, su desarrollo y sus fuentes desde fuera, mediante una aproximación científiconatural, sin darse cuenta de que ese proceder es ya una consecuencia de dicho desarrollo y de esos orígenes. De ese modo se hace básicamente insoluble la tarea impuesta, porque al principio de la evolución de las facultades de conocimiento se halla el aprender a hablar y pensar del niño, un enigma conocido en la psicología de las facultades cognoscitivas, un proceso que tiene lugar de forma puramente intuitiva en el *supraconsciente* y del que no emerge nada al nivel del raciocinio. Ningún niño puede decir *cómo* habla, ningún adulto, *cómo* piensa, las reglas del hablar también se captan sólo de forma *empírica,* aunque cada uno las utilice de modo "no empírico", sino supraconsciente. Y a pesar de que todo el pensar científico moderno está edificado sobre este fundamento supraconsciente, no conoce la realidad de este. A lo sumo, se utiliza la idea del espíritu como sinónimo de las facultades cognoscitivas, pero no se les atribuye ni a aquel ni a estas ninguna realidad independiente. Por eso las regiones del conocer y de la religión son, para esa ciencia, regiones anímicas, es decir, privadas y subjetivas, a las que, como mucho, el "subconsciente colectivo" (de Jung) aporta un rasgo común. La "creatividad" del hombre que uno va descubriendo en determinados momentos queda exilada a esa región privada y no se reconoce que el conocer, el comunicar, el dialogar, incluso en lo artístico, serían imposibles si la creatividad fuera realmente subjetiva y no universal, "intersubjetiva", como hoy se la llama.

El origen del subconsciente, incluido el colectivo, se halla en el supraconsciente. Ambos reinos constan de la misma sustancia; si bien en el subconsciente está hecha de *formas* y en el supraconsciente es *facultad* y posibilidad de adoptar todas las formas de acuerdo con el objeto de conocimiento. Ahora bien, la forma y la carencia de forma son relativas. Lo que en la conciencia racional aparece "sin forma" o determinación es, para el nivel de conciencia inmediato superior, una *forma de movimiento,* no estática. Así, por ejemplo, la palabra "aunque" es para la conciencia de vigilia, algo sin contenido, mas para el pensar vivo es una forma concreta de su movimiento.

Los contenidos subconscientes suelen tener dos formas. Por un lado, estructuras de comportamiento que en la superficie son capaces de adoptar modos de aparición muy distintos, pero que no dejan de ser *una* forma concreta. Por otro lado, pueden ser configuradas por los conceptos que el médico o el sujeto mismo les aplica con la "ciencia", con ello se introduce un proceso de cristalización de segundo grado.

La imagen del subconsciente se ve determinada en la psicología analítica por sus rasgos característicos que a ella misma le pasan desapercibidos, es decir, por su realismo ingenuo y su "darwinismo" anímico. Este último busca el origen del subconsciente en lo biológico, lo corpóreo, y se imagina la conciencia como algo surgido del subconsciente. La libertad humana no se puede fundamentar con esa teoría, y tampoco se considera que el hombre la tenga, aunque en la psicoterapia ya se la presuponga implícitamente.

El realismo ingenuo se evidencia en el hecho de que el psicólogo y su ciencia terapéutica y de investigación permanecen en el mismo nivel de conciencia de vigilia, a pesar de que afirme una y otra vez que esta última no es capaz de penetrar en el subconsciente o de asentarse en él, y sobre todo porque solemos imaginarnos el subconsciente como algo mucho más poderoso que el consciente racional.

La conciencia de vigilia es una conciencia de pasado, en la medida en que se hace consciente de lo pensado, percibido y representado. Todo esto, como algo pasado, carecería de influencia ulterior sobre el alma si no fuera sólo una parte de la realidad, cuya otra mitad, mucho mayor, hecha de sentimiento y voluntad, no es acogida por el hombre en plena conciencia despierta. Lo que no se *vivencia* en plena vigilia sigue siendo una fuerza activa hecha de formas de sentimiento y volitivas que continúan viviendo en el hombre de modo semi y subconsciente. Ellas crean en él un pasado que le influencia y que, de manera medio onírica y medio subconsciente, se extiende desde lo que es anterior en el tiempo hasta el presente actual, operando como forma prefigurada, como modelo selectivo para nuevas vivencias. Mientras lo vigílico consciente se convierte en el hombre en la zona *"desdinamizada"* de su libertad, porque es el elemento de pasado al que él puede aportar nuevos impulsos de inicio, por debajo de esa conciencia existe un campo de actividad del propio pasado, de un pasado que no ha sido paralizado por su reflejo en el aparato físico. Lo que desde esa región emerge a la conciencia, menoscaba la libertad del hombre, y es lo único que puede menoscabarla.

Las fuerzas estructuradoras procedentes de la región del pasado en el alma son algo vivo y no pueden ser disueltas intelectualmente. Mas bien hay que aproximarse a ellas con el sentimiento –eso es lo que sucede generalmente en el tratamiento psicoterapéutico–, en cuyo caso un nuevo sentimiento no cognoscitivo se encuentra con formas de sentimiento e impulsos antiguos, preformados y formadores: el paisaje se modifica en la superficie; eso es a menudo curativo y deseable. Pero la transformación fundamental tendría que ser *la disolución* de las formas del pasado mediante las respectivas fuerzas incrementadas de la conciencia. Esa posibilidad permanecerá cerrada a la psicología hasta que reconozca la realidad del supraconsciente, es decir, que la *limitación* de las "facultades cognoscitivas" se relaciona estrechamente con la región subyacente a la conciencia de vigilia. Con ese conocimiento, la imagen dualista del alma que habla del consciente y del subconsciente, se transformará en una triada, apareciendo en el campo visual el supraconsciente, lo espiritual.

En la conciencia se produce constantemente *formación* y *disolución* de lo formado. Cuando conocemos gracias a los conceptos, creamos formaciones partiendo del supraconsciente, cuando "leemos", en el sentido amplio de la palabra, disolvemos lo formado para que luego vuelva a coagularse en forma. El *supraconsciente* contiene la *posibilidad de todas las formas*, cualidades y conceptos susceptibles de aparecer en la conciencia refleja, y también los principios formativos, el elemento regulativo del pensar, *vivenciable* al principio en la conciencia como la experiencia de *evidencia*. Para la conciencia, el supraconsciente carece de forma, es una "nada", porque el consciente es conciencia del pasado y por ello sólo es capaz de concebir formas y estados estáticos, mientras que para su propio movimiento necesita la ayuda del supraconsciente que consta sólo de movimiento. (Entre estos dos niveles de conciencia oscilan y se despliegan las paradojas de Zenón, entre el *continuum* y el *discontinuum*, desde las que más tarde deriva el cálculo infinitesimal).

El subconsciente individual se muestra en las asociaciones, formas de reacción, hábitos anímicos, en "susceptibilidades" concretas. ¿Qué diferencia hay entre una asociación y una intuición? La *intuición* puede seguirse *más tarde* con la pura lógica, es comprensible en su sentido para todo aquel que pueda captar los pensamientos; la *asociación* no *es* edificable lógicamente y sólo tiene significado para el sujeto. El subconsciente colectivo provoca vivencias limítrofes de modo negativo. Lo "sin forma" del supraconsciente puede aparecer, por ejemplo, en la forma de "asociación" colectiva del concepto de materia, un "concepto" impensable, imposible como representación y mucho menos concebible como experiencia: nadie se ha encontrado con esa materia y nadie la ha investigado. Y aun así ella "inspira" desde hace siglos la ciencia y la conciencia del hombre medio, tiene poder, un poder colectivo.

¿Cómo diferenciar semejante *asociación* colectiva de una *intuición?* El hecho de que sea colectiva hace que tenga "significado" casi para todo el mundo, más del que tendría una intuición a la que nadie suele llegar sin un esfuerzo espiritual. La idea de la materia, por el contrario, aparece ya casi unida con la "sensación" y se afirma mediante la misma fuerza por la que ha sido generada. Desde este punto de vista, el que hoy esa idea esté muy modificada carece de importancia. Ahora, igual que antes, lo esencial sigue siendo que se hable de algo que básicamente *no es verbal* o "logoico", porque sólo tiene *existencia* sin forma, es decir, sin, palabra, sin verbo, en un sentido superior. Esa "idea" *no es pensable,* conduce al pensar a una catástrofe lógica, al sentir y al querer a una crisis anímica, y a la humanidad a desastre material y espiritual. Porque si la materia fuera la realidad básica y no el Verbo, el hombre no podría reconocerse en la realidad como alma y espíritu. Si no se hace consciente de su ser logos, de su ser espiritual, deja de ser libre y no puede solucionar sus problemas anímicos, espirituales y materiales. Como ser carente de libertad, no puede solucionar nada, no puede hacer nada; todo sucede en él a pesar suyo. Y esto amenaza toda su existencia.

Como es evidente, el que la psicología analítica no conozca el supraconsciente o el espíritu, tiene consecuencias de gran alcance. Se pierde de vista la diferencia entre asociación e intuición. La confusión entre arriba y abajo provoca que dentro de la imagen dualista del alma se busque la realidad y las raíces de la religión en el subconsciente, en lugar de hallarlos en la región y dirección de la que proceden nuestros poderes de conocimiento. Como fuentes subconscientes tendrían que ser más oscuras que los dinamismos cognoscitivos con los que las investigamos. La teología, la "teología de lo profundo" que no actúa sobre la base de una experiencia religiosa, saluda con agrado esa "ayuda" de la psicología, y así la religión puede por lo menos fundar la estructura necesaria para la "higiene del alma". El espíritu, la luz del conocimiento, es, para esta forma de ver las cosas, tan secundario como lo es para el empirismo ingenuo. Esa psicología trata siempre con contenidos y nunca con las *fuerzas* de las que dichos contenidos proceden, se ocupa de la imagen del pasado en el alma, es decir, permanece siempre *fuera* del alma. Sólo podría penetrar en ella si percibiera los propios gestos anímicos del presente, o si fuera capaz de investigar la *vida* anímica de los demás por medio de la Conciencia Imaginativa. Lo que ella contempla es lo fácilmente perceptible, el fenómeno anímico pasado, los hechos, complejos y arquetipos, en lugar del movimiento con el que aparecen, y mediante el cual los percibe. No es el pasado *activo* el que se le presenta a esa psicología, sino lo que fue producido por ese pasado.

Las fuerzas del pasado que siguen actuando impiden al alma realizar *ahora* su inmediatez presente. La inspiración subconsciente colectiva que procede de la vivencia limítrofe común sugiriendo un fundamento "no verbal" del mundo, como sería el de "la materia", "la cosa en sí" o "el subconsciente", impide que el alma intuya al Logos. Esa inspiración ha surgido del rechazo a la intuición del logos, y ese rechazo *es* precisamente lo que constituye dicha inspiración (no se hallan en una relación de causa y efecto).

Una vez que el fundamento no verbal del mundo acaba siendo adoptado, una vez que acaba siendo acogido por la sensación, es posible atribuir las funciones cognoscitivas de la conciencia, las funciones conscientes, sean las que sean, a un *mecanismo,* a un elemento no cognoscitivo. Y si el conocer es algo condicionado, absolutamente determinado, entonces es que es un proceso natural y no es posible ni demostrarlo ni contradecirlo, porque ya no existe *nadie* capaz de hacerlo. Esa es una segunda catástrofe lógica. Pues si el fundamento original no-verbal no parece fundamentarse con el pensar lógico y se lo "basa" en una sensación irracional dentro de la conciencia pensante, esa "idea" se escapa a consideraciones lógicas.

Cuando la inspiración subconsciente de lo no-verbal echa raíces en la conciencia pensante, impregna toda la inteligencia del hombre y le transmite el rasgo de impersonalidad y parcialidad. El sujeto *responsable* se ve eliminado, se le considera inexistente (determinismo) y el pensamiento nunca acaba de ser pensado consecuentemente hasta su origen, ni en *toda* su trascendencia. Con ello surgen ingeniosidades que, en un campo limitado, acaban minando toda la vida humana y que al ser descubierta su nocividad ya suelen ser incurables.

Con el tema del verdadero subconsciente colectivo hemos vuelto a la pregunta del primer capítulo. El subconsciente individual y el supuestamente colectivo de Jung puede ser *descubierto* por la conciencia *ordinaria* precisamente porque no es colectivo o porque la mayoría de los seres humanos no se ven afectados de forma igual o semejante por sus repercusiones. Pero descubrirlo no quiere decir comprenderlo o saber manejarse con él. Irrumpe de un modo u otro en la conciencia de vigilia, ya sea patológicamente, o en el sueño o en las imágenes de la fantasía, y esta se apercibe de él porque se aparta de lo que hoy convencionalmente llamamos "normal". Mas cuando algo que sea una verdadera inspiración colectiva interviene en la conciencia ordinaria, esta, condicionada durante siglos por aquella, no la puede reconocer como tal, y se le aparece como si fuera una idea evidente y luminosa, como filosofía, como teoría científica. Una "idea" así sólo puede reconocerla como *inspiración subconsciente* la conciencia que, por el destino, no se vea enfermada por ella o que al menos haya superado parcialmente ese estado patológico mediante un ejercitamiento de sí misma.

La enfermedad psíquica y en particular la colectiva, que es más profunda, se "ocluye a sí misma", es decir, ella misma constituye el mayor obstáculo para su propia curación. Saber que la "idea" de la materia es una *anti-idea* o un *sin-concepto* se ve obstaculizada por ella misma, por su poder subconsciente. Si en la candencia pensante se ha aceptado un "pensamiento" impensable pero que es poderoso en lo anímico, genera parálisis en otras regiones del pensar. Con ello también se debilita la resistencia de la conciencia autónoma ante el subconsciente individual. Y es probable que muchos trastornos psíquicos surjan justo a partir de ese trastorno colectivo.

Si se sigue de cerca el estado en que se encuentran los trastornos psíquicos, no desembocamos en una imagen muy consoladora. El trastorno anímico puede detectarse y la persona afectada podría dirigirse a un médico y, si tiene suerte, éste quizás pueda ayudarle. Pero ¿en quién ha de buscar la humanidad colectivamente enferma su médico cósmico y dónde ha de hacerlo, si no se da cuenta siquiera de que está enferma? Y aun así cada hombre puede identificar la enfermedad y descubrir que el principio sanador está presente en él mismo: su propio *ser-logos*. Hasta entonces el alma se hallaba pasiva, padecía lo que en ella ha provocado la pedagogía y los poderes opositores. Su curación comienza comprendiendo que ella también puede estar activa y ser capaz no sólo de engendrar formas no cognoscitivas producidas pasivamente y recibir inspiraciones subconscientes, sino también de generar una actitud anímica activa que no rebota en la frontera del inconsciente, sino que la atraviesa, enriqueciendo el mundo espiritual con la creación humana.

IV

RECORDAR Y OLVIDAR

Durante el curso individual de la vida humana y la historia evolutiva de la humanidad, se van liberando de los aspectos más sutiles del organismo humano fuerzas de sensibilidad y de estructuración. Antes de que queden libres, esas fuerzas van configurando el cuerpo, provocan su crecimiento y actúan sobre todo en la formación de los órganos corporales de la vida cognoscitiva. Su liberación, en la medida en que han cumplido su tarea en el cuerpo, se produce por la progresiva encarnación de la individualidad, del elemento pensante y hablante del hombre, a medida que va vinculándose con el organismo. El nacimiento, el aprender a hablar y pensar, la segunda dentición y la madurez sexual, muestran etapas de esa encarnación del aspecto superior del hombre. En principio, esa encarnación tiene lugar de forma continuada hasta la mitad de la vida y a partir de entonces comienza la excarnación. El ser-logos que está encarnado toma sobre sí, o al menos debiera tomar, la responsabilidad del organismo y de las fuerzas que se liberan. Estas últimas *podrían* convertirse en fuerzas de conocimiento, pues ese es su rol legítimo. En épocas anteriores lograron esa metamorfosis bajo la dirección de los "dioses". Estamos hablando de las fuerzas que en los capítulos precedentes denominamos fuerzas de percepción y de pensamiento, que se muestran como vivencias limítrofes. Si el hombre no las acoge adecuadamente, van pasando a engrosar la substancia del subconsciente. En la región cósmica en donde imperan esos procesos, la diferencia entre "dentro y fuera" no tiene ningún significado y, por ello, es posible y hasta conveniente, describir, en el nivel de la conciencia refleja, las mismas fuerzas desde dos ángulos.

A las fuerzas configuradoras que se deterioran cuando no se le hacen conscientes al individuo, habría que agregar también las fuerzas del destino ligadas al organismo corporal y a su corporalidad más sutil. El crecimiento del "logos que le es propio al alma" pone en movimiento las fuerzas vitales y de sensibilidad y, como fuerzas cósmicas, permiten siempre que se produzcan las vivencias limítrofes y los conocimientos universales que trascienden las fronteras, a medida que se van haciendo conscientes.

Lo que durante la vida se hace perceptible en el contexto general, es decir, la liberación de las fuerzas de crecimiento y de sensibilidad y su transformación en fuerzas de conocimiento, sucede a pequeña escala, en cada acto de conocimiento. En todo conocer en el que participa el sistema nervioso, se produce en este una pequeña muerte, que parcialmente se recupera en el próximo sueño. Pero también se ven afectadas las partes más sutiles de los sistemas rítmico y metabólico en cada acto de conocimiento, y por ello ambos sistemas también actúan en el proceso del Recordar.

La encarnación del verdadero yo, que es quien habla y piensa en nosotros, consiste en que ese sujeto se construye un *organismo* del *yo* utilizando las fuerzas que se liberan, un organismo que no le separa de los procesos cósmicos, porque estos siguen actuando en las fuerzas liberadas y, de ese modo, se hace posible el conocer. El desprendimiento de dichas fuerzas se produce de manera distinta y en grado distinto en los tres sistemas corporales. En el sistema cefálico se hallan libres al máximo, algo menos ya en el rítmico y mucho menos aún en el sistema metabólico-motor[3]. Pero todas esas fuerzas participan en los procesos de conocimiento y de memoria.

El que todo el organismo participe en los procesos del recordar podemos reconocerlo en el hecho de que la facultad recordativa se ve fuertemente influenciada por el estado en que se halle el cuerpo (por ejemplo, cansancio), la vida (por ejemplo, enfermedad), el estado de ánimo y el del hombre volitivo, lo que puede incrementarla o disminuirla. Esos procesos sólo pueden observarse correctamente si se contemplan, una por una y bien diferenciadas, las diversas formas de "recuerdo", y luego logramos observarlas en su relación mutua.

El fenómeno básico del recordar específicamente humano consiste en que el hombre vuelve a traer voluntariamente a la conciencia lo que ha pensado, percibido o representado. Ese proceso lo realiza a menudo durante el día sin que suela darse cuenta y sin que, por tanto, lo registre como recuerdo. El proceso se hace ostensible y consciente cuando su realización es impedida, cuando a uno no se le "ocurre" una palabra, un nombre, etc.

---

[3] Para una aproximación a los tres sistemas corpóreos, véase "El cuerpo, instrumento del alma" del Dr. Walter Buhler. Pau de Damasc. (N.d.T.)

En el otro extremo gradual de los procesos recordativos nos hallamos con el fenómeno de los pensamientos o representaciones *compulsivas* que se adueñan de la conciencia sin la voluntad del sujeto e incluso contra ella. Entre ambos extremos se pueden observar otros tipos de memoria; así, por ejemplo, reconocer algo con lo que nos hemos encontrado antes, el recordar asociativo involuntario, el acordarse de algo que fue "memorizado", etc.

El recordar voluntario y activo es una facultad específicamente humana por dos razones. Solo el hombre en la Tierra posee una voluntad gobernada por su yo. Podría decirse también que esa facultad volitiva *es* el yo mismo. Es al mismo tiempo la facultad de pensar, porque solo algo que ha sido determinado mentalmente puede ser querido por un yo. Lo determinado mentalmente y recordado es, sin embargo, un *algo*, un *eso*, y todo *algo*, es "verbal", es "logoico", es palabra. La facultad de hablar en lenguas de la palabra se relaciona íntimamente con la capacidad del recordar; no puede concebirse lo uno sin lo otro.

Según la opinión científica habitual, toda experiencia se almacena de algún modo en el alma, en el cerebro o donde sea, mientras la conciencia se dirige hacia otros contenidos. En el recordar, lo almacenado vuelve a elevarse a la conciencia. Ahora veamos más de cerca esta idea de un almacenamiento, (quizá codificado), de experiencias o vivencias, ya sean imágenes perceptivas, pensamientos o sueños. Supongamos que exista un perfecto y completo almacenamiento de los "recuerdos". ¿Respondería esa forma de pensar a la pregunta sobre la esencia del recordar o facilitaría al menos su respuesta? Así nos enfrentamos a otra cuestión igualmente difícil: ¿De dónde sabe el que recuerda *qué* es lo que hay que seleccionar en un determinado caso de entre la multiplicidad de lo acumulado?

Esa pregunta muestra ya que lo esencial en el recordar es el poder seleccionar. Si uno sabe *qué* es lo que hay que seleccionar es que ya lo ha recordado. Incluso en un recuerdo con dificultades también es segura la elección: si a alguien no se le ocurre un nombre o cualquier otra cosa, rechaza con toda certidumbre cualquier "falso" intento de reconstruir lo "olvidado", y vuelve a reconocer decidido lo que buscaba, aunque la alternativa se la ofrezca él mismo o cualquier otra persona.

La concepción de las vivencias almacenadas no soluciona el problema del recuerdo. Otro problema sigue abierto. El hombre experimenta las cosas no en forma de datos, es decir, de una información tras otra, sino de manera continuada y a la vez "polifónica", es decir, que en cualquier acontecimiento concreto *vivencia* también pensamientos paralelos y de trasfondo, sentimientos, recuerdos, etc. El almacenamiento, por tanto, debiera producirse sin que se gradúe la importancia o significado de lo *vivenciado*, y luego el hombre, al recordar, tendría que seleccionar entre un *continuum* de datos distribuidos en muchas capas.

El recordar activo no sólo se halla ligado con el fenómeno del pensar del adulto, sino también emparentado a él. Se puede distinguir entre pensar intuitivo y pensar inductivo. Con el primero se forman nuevos conceptos, o mejor habría que decir que se los "contempla"; con el segundo se generan vinculaciones entre conceptos ya formados, pero no se puede levantar una frontera exacta entre ambas formas de pensar. El recordar parece estar más cercano al pensar intuitivo. Este último puede "descubrir" *nuevas* ideas que nunca había pensado antes, mientras que el inductivo puede "encontrar" pensamientos y representaciones que una vez estuvieron en la conciencia. Si el hombre sabe qué es lo que ha de recordar es que el recuerdo ya se ha producido. La analogía en el pensar es, que si el hombre sabe *qué* es lo que quiere pensar, es que ya lo ha pensado. En ambos casos la voluntad y la acción son idénticos, en contraposición a otros procesos volitivos en los que el motivo mental y la realización práctica del mismo están separados. Incluso en el recuerdo dificultoso la selección es certera. La dificultad no está en que el individuo que recuerda no sabía qué es lo que quería, sino sólo en que, de inmediato, no puede convertir en realidad ese *algo*. Si no supiera de ningún modo qué es lo que busca, nadie podría ayudarle. En el pensar sucede algo análogo, porque a menudo uno es incapaz de solucionar un enigma, pero sí es capaz de reconocer la solución correcta con toda certidumbre.

Sólo se puede recordar activamente, es decir, voluntariamente, lo que ha sido pensado. El alcance y la intensidad con que intervienen los elementos del sentimiento dependen muy poco de la voluntad consciente. Esa forma de recordar es idéntica a la facultad verbal porque solo un *eso*, un algo, puede recordarse de esa manera, y el *qué* es palabra, es verbalidad. Haber pensado es equivalente a tener la capacidad de formular la palabra. Sólo un ser que *hable* puede acordarse de forma activa. Cuanto más intensamente se haya pensado, tanto más fácil será recordar, voluntariamente. Esa es también la razón por la cual los textos memorizados son más difíciles de recordar que, por ejemplo, los procesos mentales que uno haya hecho. Para poder recordar la ilación de las ideas ajenas del mismo modo a como recordamos las producidas por nuestra propia razón, tendríamos que poder pensarlas con la misma pasión con la que piensa nuestro propio raciocinio. En los textos es necesario recordar además las palabras. El hombre moderno *vivencia* y piensa las palabras de forma muy distinta a como lo hace con los pensamientos; la conciencia de la palabra es mucho más onírica, mucho menos precisa, la atención se dirige a los pensamientos y, en el adulto actual, el pensamiento casi nunca se corresponde con la palabra.

La conciencia en el hombre occidental de hoy es siempre *movimiento,* es conciencia en el moverse o ser movida, en el convertirse en contenido y dejar de serlo mientras se va convirtiendo en otro. Si la conciencia no vive en ese venir a ser y dejar de ser, es que no es autoconciencia, sino conciencia de sueño o arcaica o también asociativa, que está siempre en movimiento, aunque involuntario. El contenido correspondiente con el que se ha identificado la conciencia deja de ser un *eso,* regresa al elemento más fluido del que nació y surgió para convertirse en *eso,* en precisamente, ese contenido concreto. Regresa hacia el *proceso* en el que el pensar vive todavía sin palabras ni atributos, inmerso en una verbalidad superior, proceso que el hombre desconoce porque su conciencia se enciende en el *resultado* del proceso, en su pasado. El *eso,* regresa al contexto del que había sido extraído y aquí es preservado por un concepto que es su mera virtualidad, posibilidad, la tumba de su existencia viva en espera de que el recordar lo vuelva a resucitar.

Los conceptos o formaciones afines al concepto, por ejemplo, las cualidades sensoriales, no pueden repetirse mecánicamente en la conciencia, eso no sería ni recuerdo ni gesto consciente humano. Los conceptos han de ser comprendidos, no se los puede imitar, ni reproducir sin haberlos entendido; no sabríamos *qué* es lo que mencionamos. En el recuerdo de una representación, el concepto es la señal indicativa que permite elevar a la conciencia esa representación, es decir, un *qué,* debe ser concebido.

La memoria activa es un acto intuitivo, sólo que la intuición no se produce por primera vez, sino que la conciencia ya ha ejercitado el gesto o la forma de movimiento. Dicho de otro modo: no es el contenido del recuerdo lo que se almacena, sino que es el hombre en la organización de su conciencia quien se ve modificado mediante el primer pensamiento o percepción, La *modificación funcional* de la capacidad motriz de su atención es lo que hace que el segundo o tercer encuentro con los conceptos, sea más fácil que cuando se formaron por primera vez.

Es evidente que sólo un *alguien,* un *yo,* puede recordar de forma activa, voluntaria. Son *mis* recuerdos. No se puede hablar de un almacenamiento impersonal, y eso es justamente lo que implican los modelos de recuerdo concebidos como mero almacenaje. *Yo* sé *qué* es lo que quiero recordar. La "memoria" mecánica, asociativa, no tiene nada que ver con la verdadera memoria humana. E igual que un pensamiento es sólo pensamiento para un *yo,* lo mismo sucede con el recordar. La región asociativa de la vida anímica *no pertenece* a la porción de la conciencia dominada por el yo y actúa interfiriendo en su autonomía.

El yo parlante y pensante (no el ego que se despierta en lo pensado o en lo hablado) vive en el presente o en la esfera de la vida, de las intuiciones. El hombre oscila en su conciencia entre yo y ego, entre presente y pasado. En la fase del pasado la atención se convierte en *forma,* en algo pensado, percibido, representado. En el presente vive la atención, el yo, libre de forma *en* el pensar, *en* el percibir, *en* el representar. El yo, la atención, puede adoptar cualquier forma. Si sigo la conversación de otra persona o un texto, yo *me convierto* literalmente en sus palabras; mediante la resolución de las palabras, en el leer, frase a frase, yo *me convierto* en sus frases; con la vinculación de las frases, en la lectura superior, imagen mental tras imagen mental, yo *me convierto* en sus ideas, que son, al fin y al cabo, el origen de sus frases y de sus palabras. Yo no me he convertido en ninguna forma definitiva, permanezco libre de formas, siempre puedo pensar cosas nuevas. Por eso, la facultad de recordar consiste en un rastro funcional, pues si así no fuera, el yo tendría que conservar los recuerdos como configuraciones *formadas,* y nos encontraríamos entonces con el problema de la selección que plantea la cuestión de un segundo recuerdo, lo que a su vez entrañaría un tercero, etc. Incluso la facultad funcional de generar formas no debiera ser demasiado intensa, porque, en tal caso, la formación cobraría vida propia y se convertiría en parte de la región asociativa.

En el hombre actual, el pensar consciente penetra hasta el organismo, donde también provoca una serie de procesos igual que sucede en el percibir consciente. Los procesos físicos son necesarios para la conciencia del pasado y permiten darse cuenta de las vivencias: crean la resistencia, el contraste que se contrapone al movimiento "imitativo" e identificativo que realiza el yo y a la sensibilidad del organismo vital libre. La experiencia, es decir, la experiencia consciente, sólo puede tenerla el yo que participa en el organismo físico por estar parcialmente identificado con él.

Es imposible imaginarse el cuerpo físico humano sin la vitalidad que lo reconstruye, mantiene y vivifica, sin su sensibilidad y sin su yoidad. El cuerpo físico no está del todo acabado en su forma, se halla sometido a un constante intercambio con el entorno aéreo, acuoso y térreo, y también con el térmico. El *cuerpo* de vida y el *cuerpo* de sensibilidad son, en sentido estricto, regiones no-libres del organismo, se hallan ligados a la existencia y funcionamiento del cuerpo físico. Las funciones cognoscitivas y creadoras del hombre son activadas por aquellas partes de la vida y de la sensibilidad que se hallan libres o en proceso de liberación para ponerse al servicio del ser yoico, ser hablante y cognoscente. La parte "formada" del yo podemos denominarla "ego" y constituye su faceta no cognoscente a través de la cual el ser del yo se identifica con el organismo físico, vivo y anímico y se arraiga en él. Lo no cognoscente en el organismo humano es necesario para que tome conciencia la parte libre y cognoscitiva del ser humano, la parte que se identifica con el *eso*, con el "objeto" de conocimiento. La parte libre del yo participa plenamente en el venir a ser el *eso*, la sensibilidad ya participa en ello de forma amortiguada, y aún menos lo hace la esfera de lo vital, porque estas dos últimas con sus zonas ya estructuradas que actúan en lo biológico y en toda actividad refleja, se relacionan íntimamente y se confunden con ello. Entre ambos aspectos, el biológico se halla configurado de manera más sólida que la sensibilidad que le corresponde, de modo parecido a como una planta en el sentido más estricto es más una forma viviente que un animal, el cual es una forma sensible o instintiva. El animal se adapta al mundo exterior directamente dentro de la región de su instinto.

Lo que sucede en la zona libre dentro del ser humano es un proceso cósmico. La disminución de esos procesos se efectúa en la parte formada y no libre del hombre. Con ello se hace consciente una parte del proceso cósmico que desemboca en el hombre, una parte de la interacción mutua que tiene lugar entre el mundo de la luz y la entidad humana. El aspecto de esta interacción que hemos hecho consciente solemos llamarlo "mundo", "mundo de pensamientos", "mundo de la percepción". La parte que permanece inconsciente actúa en la juventud configurando el organismo, los órganos de conocimiento, y luego configura el destino y el subconsciente individual y colectivo, en la medida en que no hayan sido elevados a la conciencia por medio de su autoeducación superior.

En el animal, la sensibilidad es la "conciencia" inmediata de su estado vital que incluye las circunstancias condicionantes fuera de su cuerpo físico. Y por eso, en ese sentido, dicha sensibilidad es incapaz de recordar. Y así, por ejemplo, el "recordar" animal en el reflejo condicionado, se basa en el ejercicio de situaciones propias de la especie, importantes bio-lógicamente, o que son generadas por el juego en los cachorros. La planta, en este sentido, tampoco "aprende" nada. En el hombre, la sensibilidad y la vitalidad no libres no de sempeñan ningún papel directo en el recuerdo, un efecto se produce en el cuerpo vital solamente porque, para devenir consciente, el pensamiento o la percepción tiene que penetrar en el sistema nervioso. El recordar es una facultad del yo, y se basa en una modificación funcional que se extiende hasta el cuerpo, producida por las fuerzas vitales libres y la sensibilidad libre.

El papel que desempeñan las fuerzas de la vida y de la sensibilidad se halla diferenciado según su origen, según hayan sido liberadas en el sistema cefálico, en el sistema rítmico o en el metabólico-motor. En el proceso recordativo participan sobre todo las fuerzas libres de los dos sistemas inferiores. Lo que se ha emancipado del sistema cefálico actúa en el pensar, en la intuición del pensamiento, en el percibir y en la intuición perceptiva. Puede considerarse la percepción como una intuición *acogida* por el yo, pero no generada o causada por él. Algo análogo podríamos decir de la intuición mental, aunque, en ese caso, la conciencia desempeña generalmente un papel más activo que en el percibir, en el cual los órganos sensoriales vienen a ayudar al hombre.

En el recordar activo, falta la fuente externa tanto para el pensamiento como para una percepción. Es la voluntad del yo que activa una fuente interna que hemos de buscar en las fuerzas libres, desprendidas de los dos sistemas inferiores. Estos últimos participaron en el pensar y en el percibir ejerciendo un gesto, una adaptación al objeto. Un gesto que no se corresponde con el contenido consciente del pensar o del percibir, sino con lo que permanece a nivel supraconsciente en el acto de conocimiento. Lo que se ha hecho consciente ha sido desprovisto de su energía, ha perdido su vitalidad. Lo que no se hace consciente mantiene su vida y produce o constituye la modificación funcional dentro de los sistemas dinámicos liberados que proceden de los sistemas rítmico y metabólico-motor.

Esa acción normalmente no se debe a la generación de una forma mantenida, sino a la posibilidad viva de que, repetidas veces, se capten *voluntariamente y con más facilidad,* esos mismos pensamientos o percepciones como si fueran intuiciones. En la intuición, la voluntad permanece libre, no pasa a formar parte de dicha acción. Para hacer consciente el recuerdo, ha de llegar hasta el cuerpo físico todo el movimiento que emana del yo y que es producto de la movilidad yoica de las fuerzas vitales y sensitivas liberadas. Las dificultades de la memoria suelen surgir, en su mayor parte, de ese proceso: el cuerpo físico ofrece una resistencia, y por ello el hombre "sabe" si una palabra es la "correcta" o no, aunque sea incapaz de salvar el obstáculo del sistema nervioso.

Normalmente, cuando el pensar y el percibir se producen en plena conciencia de vigilia, en presencia del yo, el intercambio supraconsciente entre las fuerzas humanas liberadas y la parte todavía inconsciente del mundo no hace que esas fuerzas generen formas duraderas. Si ese no es el caso, si, por razones emocionales, egoístas o intelectuales (problema de las experiencias limítrofes), no se hace consciente todo lo que podría *vivenciarse* conscientemente, se generan una vez más, dentro de las fuerzas liberadas, formas que, por substraerse a la influencia del yo, llevan una existencia autónoma por debajo de la conciencia. Esa región anímica subconsciente se distingue del supraconsciente porque se somete a la forma. En el proceso rememorativo normal, la fuerza de la forma no puede permanecer sin disolverse: en eso consiste la libre funcionalidad del recordar activo. Cuando los recuerdos permanecen como formas fijas, se convierten en parte de la esfera asociativa y en el peor caso se transforman en representaciones compulsivas. Si queda vacante una fuerza que pertenece al hombre y se escapa al control del yo, o de aquello que representa al yo, esa fuerza vuelve a convertirse en forma con rasgos de egoidad o con características propias de los poderes que degradan al hombre, enemigos del Verbo, y no puede dejar de advertirse su estilo de actuación en la vida cotidiana, en las relaciones humanas. Las formaciones generadas por estas fuerzas distorsionan el recuerdo y el curso objetivo del pensar y el percibir.

La descripción del proceso de conocimiento exige la formación de nuevos conceptos, cualitativamente distintos de los conceptos propios de la conciencia cotidiana. Así, por ejemplo, conviene comprender conceptos como el de "vida", "yo", "ego, "sensibilidad", de un modo puramente funcional como procesos, en lugar de fijarlos sustancialmente, como por desgracia suele suceder al nivel de la conciencia ordinaria. Es igualmente importante captar el concepto de "forma" en sus diversos grados y connotaciones cualitativamente distintas, por ejemplo, como "forma viviente", "forma de sensibilidad", etc.

La atención humana es autónoma, incluso podemos apartarla deliberadamente del acontecer presente. Esa facultad, por otra parte, implica la capacidad del recordar activo, la liberación voluntaria de los factores actuales dados, ya sean externos o internos. El animal, que vive constantemente en el acontecer presente, carece de esa facultad, por lo que su "mundo" se halla limitado por la forma de sensibilidad que el propio animal encarna. El acontecer actual puede provocar en el animal un "recordar" de tipo reflejo. La facultad del recuerdo activo, humano, se basa en la conciencia del pasado en el hombre. Eso no sólo indica que se despierta en lo pensado y en lo percibido, sino también que el hombre sólo *vivencia* despierto lo que es pasado, mientras que lo presente lo vive únicamente de forma opaca y onírica, siempre que exceptuemos el infrecuente fenómeno de la "presencia de ánimo". Cuando al hombre le pasa algo nuevo, inesperado, y que no ha *vivenciado* ya otras veces, por ejemplo, un accidente que sucede cerca de él, esa vivencia sólo se verá perfectamente definida con rasgos precisos más tarde, cuando recuerde, y en la mayoría de los casos el recuerdo difiere intensamente del suceso real. Algo parecido ocurre con el recordar los sueños. El animal está inserto en el acontecer presente con su "conciencia onírica". Con la conciencia del pasado, el hombre está en disposición de alejarse del acontecer actual.

El *presente temporal* es algo que se contradice a sí mismo. En el tiempo sólo existe el pasado y el futuro, este último como una extrapolación del flujo temporal que el hombre experimenta sólo en su forma de pasado, pero aplicado a lo todavía no acontecido. La verdadera presencia en el presente se pone en contacto con el mundo del tiempo en el punto del llamado presente temporal. Quien *vivencia* ese punto sabe que es sólo un punto de contacto: el del *eterno presente* con el tiempo.

El estado de presente eterno, permanente, es la esfera de la vida, *vivenciada* en la luz de su sensibilidad, es el lugar, el mundo en el que todo lo "pasado", el pensar y el sentir vivo, se hallan presentes en su plasticidad. Eso implica que hemos de revisar nuestro "punto de apoyo": no es el "pasado", los "muertos", por ejemplo, los que "se van", los que no están *ahí,* sino que somos *nosotros,* con nuestra conciencia de pasado, los que no estamos *ahí* donde ellos están: en el eterno presente. Mediante la intuición del pensar, mediante el recuerdo, participamos en ese mundo que, para el hombre actual, es individual y cósmico. El ser humano *vivencia* su mundo individual presente como la experiencia de todo un panorama cuando se halla en peligro de muerte o en otras ocasiones en las que se afloja la conexión entre su "vida" y su cuerpo físico. La autoeducación superior de la conciencia genera la posibilidad de *vivenciar* gradualmente tanto el estado de presente permanente, que por lo general llamamos "pasado", como el estado de presente cósmico. Para esta última vivencia es preciso que la yoidad, que habitualmente se apoya en el cuerpo físico, se fortalezca *en sí misma,* de tal modo que pueda renunciar al cuerpo físico y a la vida *vivenciada* individualmente, y se experimente a sí misma en la parte libre (extrasensorial) de la sensibilidad. La "historia" individual y cósmica se funden y sólo pueden distinguirse en la vida terrestre.

Hay que recalcar que la última descripción del recordar no se diferencia de la primera. Lo que describimos como "facultad funcional" de repetir una intuición o una representación *es* al mismo tiempo la realidad del estado presente, en ella no existen "objetos", ni "hechos", existe vida, existen pensamientos, imágenes y acontecimientos vivos. La descripción de la realidad anímica ha de sonar forzosamente paradoja a la unilateral conciencia de pasado.

El recordar activo no es un logro muy antiguo del hombre. La "memoria" pretérita era más bien un volverse a hacer presente, en el verdadero sentido, un *volver a vivenciar* los sucesos, un poder penetrar en el presente eterno en situaciones ya *vivenciadas*. Entre la primera vivencia, y el "recuerdo" no había gran diferencia. La conciencia de pasado, a lo sumo, se hallaba formada en los elegidos y a menudo sólo como rudimento. Por eso, todavía en la época de Cristo, el prestar testimonio no era una sencilla declaración, sino una revivificación y un volver a hacer perceptible el contenido testificado de un modo que debía *convencer*, si había de tener validez. Eso se muestra en la dificultad de hallar "verdaderos" falsos testimonios contra Jesucristo. En la medida que disminuye la facultad del *revivir* en el estado de presente, de acuerdo con la emancipación de las fuerzas formativas vitales del individuo, se va produciendo, incluso en nuestra época, el debilitamiento de la percepción. Antiguamente, la memoria podía ser un revivir de la percepción, porque esta última era viva. Hoy el recuerdo es más una reproducción *mental* del contenido *vivenciado* o pensado. En todo caso surge desde el pensamiento. Incluso el recordar una representación no sucede de forma directa, sino con ayuda de los conceptos. Y como antes la representación surgía en el hombre mediante la percepción aún no separada del pensar, de lo que *hoy* llamamos pensar, la memoria pictórica todavía era posible directamente. Se la podría llamar memoria imaginativa. El desplazamiento de la índole del recuerdo en dirección hacia lo verbal y pensante se corresponde con la transformación de la vivencia en algo *logoico* que sustituye a la antigua vivencia *lumínica:* una metamorfosis que se orienta en la evolución espiritual judeo-cristiana del espíritu. Mientras el hombre no hable desde la intuición presente, desde la meditación, está expresando siempre contenidos de pasado. Para ello es necesario el recuerdo y el lenguaje de la palabra, un lenguaje que no sea improvisado en sus elementos y reglas, como lo era el lenguaje original (que era de sonidos). Para el recordar activo tiene que haber palabras que tengan aproximadamente un significado concreto y más o menos inalterable. Por esa razón, es posible la memoria activa, aunque no existan palabras para todo lo recordado, aunque los nuevos pensamientos nazcan sin palabras, es decir, de acuerdo con el Verbo, con la palabra superior.

Cuando el hombre actual quiere acordarse de conocimientos superiores no puede abandonarse a la memoria ordinaria, porque el conocer superior se realiza renunciando al sistema nervioso físico. Ese recuerdo se parece mucho al recordar antiguo: El "hacerse presente" de lo *vivenciado*, que uno "va a buscar". Siempre es problemático salvar el abismo que separa la conciencia del lenguaje verbal por el que ha de expresarse lo *vivenciado* y la conciencia de las vivencias superiores, porque la expresión nunca tiene "un solo significado" y ha de ser acogida de modo muy activo por la intuición mental, porque corre el peligro de ser, con toda seguridad, malinterpretada.

Cuando se ha comprendido conceptualmente la manera de actuar del recordar consciente, las formas más pasivas de recuerdo son más fáciles de entender en su desarrollo. El reconocer lo que una vez se percibió o pensó cuando se lo vuelve a encontrar es algo análogo al recordar activo, sólo que el proceso no lo provoca directamente la voluntad, esta, más bien, se ve activada por la nueva percepción. Al percibir, el yo y la sensibilidad, en su parte libre, acompañan ampliamente el proceso. La forma vital se ve en ello un poco relajada y puesta en situación de hallar "intuitivamente" los correspondientes conceptos.

El "recordar" puramente asociativo es realmente un síntoma muy extendido de trastorno de la conciencia, es el vivo retrato del reflejo animal o del biológico-humano, aunque esté revestido de pensamientos. Es algo que forma parte de la región de los pensamientos acabados, reproducibles, que el hombre no piensa como algo nuevo, sino que utiliza como *señales codificadas almacenadas*. La idea de los recuerdos almacenados se orienta a ese tipo de memoria, precisamente al aspecto no humano en el hombre. Hay que volver a recalcar que en cada almacenamiento lo que podemos buscar directamente no son los recuerdos mismos, lo *vivenciado*, sino sólo sus signos, sus códigos. Vimos que en la memoria activa es precisamente el contenido el que se selecciona de manera consciente y directa y no existe en la conciencia ningún rastro de signos sustitutivos, sucede justo al revés de lo que pasa en el ordenador.

Los "recuerdos" involuntarios asociativos se hallan teñidos fuertemente por lo emocional, hasta el extremo de que surge un malestar apenas mental, más bien afectivo, sentimientos de náusea y hasta de placer, todos ellos condicionados por el lugar o la situación. En las pruebas de memoria se investiga casi exclusivamente el recuerdo asociativo que en la vida normal apenas utilizamos. Pero incluso cuando lo utilizamos, lo recordado tiene un significado mental, opuesto al mero recuerdo de pares de sílabas sin significado como exigen los *test.*

En nuestra época, el hombre se inclina hacia el percibir incompleto y busca además que ese tipo de percepción sobrepase lo que él es capaz de elaborar mentalmente. El. entregarse pasivo a imágenes visuales o auditivas que en la mayoría de los casos evocan lo emocional, no es una "identificación" del yo con lo *vivenciado.* En ese caso, no es el *yo,* sino el cuerpo sensible el que "percibe" y a su vez "recuerda". En lugar de la identificación del yo, surge un apego anímico a la percepción recibida de manera incompleta. Ese fenómeno indica una regresión hacia los gestos anímicos anacrónicos del Alma Sensitiva y como toda regresión, va acompañada de una sensación de bienestar anímico, de ahí el poder de atracción de esa postura.

El fenómeno del "dejá vu", situación más ligada al sentimiento que al reconocimiento conceptual de un hecho, nos proporciona aclaraciones importantes sobre los procesos profundos del recordar y del olvidar. El sentimiento de que "esto lo conozco" surge mediante una formación funcional de la sensibilidad que ha sido acuñada por el yo desde el supraconsciente. Esa marca no penetra hasta la "vida", ni tampoco hasta lo físico, porque de hacerlo nos acordaríamos de manera "concreta", es decir, mentalmente formulable. Es propio que esa vivencia suceda a menudo en el sueño, en el que está muy relajada la relación del yo y la sensibilidad con el cuerpo vital y el organismo físico.

Todo recordar es un desprendimiento local y transitorio de la vida desde el organismo físico y por eso, paralelamente, se produce un amortecimiento pasajero de la vida física en favor de la espiritual. Si la vida en el hombre se ve más desvinculada del cuerpo que en el caso de la memoria, lo que puede suceder a causa de enfermedad, preocupación, angustia, sentimiento de peligro o por el ayuno, pueden aparecer aquellas "visiones" o "voces" ampliamente descritas desde hace siglos en la literatura monástica. Esas vivencias anímicas totalmente reales proceden de la vivificación extraordinariamente intensa de imágenes recordativas, de representaciones. En ellas, lo característico es que no expresan nuevas intuiciones o conocimientos, su contenido podríamos reproducirlo como representación, sólo que, en ese caso, las representaciones están *vivas* y tienen carácter de realidad. Si el desprendimiento del cuerpo vital es extremo, como sucede en casos de peligro de muerte, el afectado ve desplegarse ante sí toda su vida en *una* imagen o panorama continuo. Podría decirse: extendido espacialmente. No se trata de imágenes estáticas de la representación ni tampoco de imágenes "sueltas" sino de una mirada global, de una captación global de toda la vida, como una vivencia de un panorama.

El recordar activo podría concebirse como una vivencia puntual del panorama. Es una actividad que transcurre de forma polarmente inversa a la de la vivencia de los sentidos. Cuando algo ha de convertirse en experiencia, el cuerpo físico ha de verse afectado por la vivencia y ha de producirse una modificación funcional en todos los miembros constitutivos del hombre, que permita el recuerdo como intuición segunda o repetida. La intuición, y por tanto también su recuerdo, no está ligada al cuerpo, tanto si es una intuición mental como perceptiva. Mas en el recuerdo el punto de orientación de la voluntad que quiere recordar es un *rastro funcional* en todo el organismo y la corporalidad. Esa huella la produce la porción de la vivencia que no se hace consciente, desde el otro lado del mundo del pensamiento o de la percepción que generalmente ignoramos.

Igual que el pensar habitual es una realización puntual del pensar imaginativo vivo como si fuera un rayo que surge de él, e igual que el percibir ordinario es como un rayo surgido del percibir vivo, imaginativo, del mismo modo la actividad de la fantasía consiste en la "formación" directa, es decir en la inmediata actividad creadora de imágenes, un rayo del representar original, vivo. El representar habitual surge a partir de un pensamiento, de un concepto; en la imagen de la fantasía, la imagen, incluso la auditiva, no está separada del concepto. Las tres actividades de la conciencia poseen su nivel imaginativo.

El recordar sano va unido al *olvidar* sano. La exagerada generación de formas implica pensamientos o imágenes que no podemos olvidar, pero por la misma razón no podemos recordarlas de manera activa.

Posee una autosuficiencia y, en el caso extremo, se convierten en representaciones compulsivas. A la formación débil de imágenes le sigue un olvidar patológico. En la zona independizada del alma, en la esfera de las asociaciones, nos encontramos con un pasado que, al no disolverse, influye en el presente y el futuro.

Está claro que las vivencias y experiencias no deben sucedernos sin dejar ningún rastro; en realidad han de enriquecer nuestra vida y nuestras posibilidades convertidas en *facultades*. Pero si permanecen en la vida psíquica como inclusiones o incrustaciones con poder propio, como *formas* fijas, entonces menoscaban nuestras nuevas posibilidades actuales de experiencia. Por eso son importantes los ejercicios encaminados a disolver los "hábitos" por razones de higiene psíquica.

El hombre está constituido de forma dual: el hombre terrestre se halla unido al hombre celeste, al de "arriba", la triada inferior con la triada superior. Ahí donde se sobreponen surge la formación del "yo". El dualismo, que se muestra en todas las actividades, facultades y logros humanos, sólo existe para ser superado. Pero superarlo no quiere decir negar o borrar uno de los polos. El hombre respira siempre de manera más o menos rítmica, oscilando entre dos extremos: en el fenómeno del recordar y el olvidar, entre formación y disolución, entre conciencia de pasado y conciencia de presente, entre vigilia y sueño, entre interiorización y entrega, entre intuición y toma de conciencia de esa intuición. El ser rítmico le otorga la posibilidad de *apercibirse* de los dos polos y de *conocerlos,* de hacerse consciente de ambos. Por eso, puede concebir pasado y presente, determinación y libertad, porque no pertenece totalmente ni a un polo ni al otro, participa en ambos. Los períodos de actividad y de reposo de su recordar y olvidar lo educan poco a poco, lo convierten en un verdadero ser de "yo", en cuya contemplación no se extingue la dualidad, sino que se la *vivencia* transformada a un nivel superior[4].

---

[4] El fenómeno fundamental de "polaridad e intensificación" que Goethe descubrió en sus investigaciones botánicas. (N.d.T.)

V

LA IMAGEN DEL ALMA

Síntesis

La conciencia pensante puede ejercer dos tipos de actividad: puede utilizarse el pensar para captar conceptualmente lo percibido o pensado, o el pensar puede dirigirse a sí mismo. Esta última posibilidad está en el origen de la psicología y constituye, a su vez, la capacidad que nos lleva hacia ella. La introspección comienza con la facultad anímica actualmente más luminosa, luego se profundiza y se extiende cada vez más hacia las regiones vecinas, iluminándolas.

Al contemplarse a sí mismo, el pensar experimenta dos cosas: en primer lugar, que lo que ha contemplado es algo pasado, es el propio pasado, el resultado de procesos de pensamiento y de percepción pasados, no experimentados; en segundo lugar, que esa contemplación sólo es posible cuando la misma entidad que mira no pertenece al pasado, pues sólo existe pasado para quien mira desde el presente. Esa conciencia presente, que al principio no se experimenta a sí misma, se va haciendo cada vez más asequible a través del acto de introspección, y entonces emerge en ella la pregunta de cómo puede hacerse cada vez más *vivenciable* el presente. Ahí empieza el camino del ejercitamiento. El contemplar la facultad del alma que hasta ahora era la más luminosa, es el preludio, el comienzo de un proceso por el que la facultad observadora de la conciencia se eleva a un nivel superior.

El misterio de la experiencia de uno mismo es el misterio del *yo*. El yo *es* esa experiencia de sí mismo, que puede realizarse a diversos niveles de conciencia. Ya describimos en el primer capítulo el paso fundamental necesario para fundar la psicología. En la época del alma consciente, la experiencia de uno mismo –no la sensación de uno mismo– se produce, en su forma menos desarrollada, como contemplación de lo pensado. Por ello, es importante que la introspección consista al principio en la contemplación de los gestos cognoscitivos de la conciencia, es decir, de su pasado. Normalmente, la conciencia no es capaz de observar lo no-cognoscitivo en el alma, carece de suficiente objetividad para ello. Al principio, sólo tiene autonomía frente a su propio pasado. Lo que perturba al pensar concentrado, lo asociativo que distrae, la vida del sentimiento, las pasiones, todo ello muestra cuáles son, hacia abajo, los límites de esa autonomía.

Si nos imaginamos la región de lo pensado como si fuera una determinada zona del alma, podemos hablar de la zona inmediatamente superior, la zona desde la cual se produce el mirar hacia el pasado, sin que al principio la entidad observadora se *vivencie* conscientemente a sí misma. De esa zona surgen las nuevas ideas y toda nueva comprensión. Ese presente es una región viva, una continuidad, como lo es la del propio comprender no mesurable, continuidad que se disgrega luego en conceptos y palabras. Y esa vida muestra sus huellas remanentes en el "significado" de las palabras, en la capacidad de transformación y de unión de los conceptos. Al mismo tiempo, el *hablar*, en el pleno sentido de la palabra, es decir, el "tener algo que decir", y el que habla, son la fuente de ese estado de presente gracias al cual el mundo del pasado se alimenta y multiplica, como si partiera de un punto viviente. El hablar mismo se nutre de la esfera de la vida.

La zona del sentir cognoscitivo, del sentir primigenio, podemos situarla por encima de la esfera de la vida sin que se halle limitada por esta. Sus efectos penetran en la conciencia de vigilia como sentimiento de evidencia, de lógica, de estética, de verdad, como sentimiento de la imagen de la percepción. De esa esfera emanan las inspiraciones hacia el bien y la belleza. De ella proceden especialmente las artes auditivas, es decir, las que tienen que ver con el tiempo, y alcanzan el mundo perceptual por vía del mundo imaginativo.

El mundo de la voluntad cognoscente se muestra a la conciencia de vigilia de un modo que delata cómo, en una región del alma situada por encima de la conciencia de vigilia, el acontecer interno anímico-espiritual y el acontecer del mundo, no se distinguen entre sí ni se hallan separados. Porque la voluntad cognoscitiva surge, sobre todo, en la existencia o presencia ineludible con la que nos viene dado el mundo de la percepción (no en su modo de ser, que depende del hombre) y también en la inmediatez propia del proceso del pensar: en el *hecho* de que se produce. Esa voluntad contiene sentimiento y pensamiento. Los tres se *vivencian* como cualidades separadas cuando la voluntad del mundo desciende y penetra en el alma humana.

Las tres esferas superiores del alma, manantial de vida del alma humana, son *supraconscientes* con respecto a *la* conciencia de vigilia. Normalmente son accesibles al adulto de forma puntual, escasa y súbita; en la mayoría de los casos acceder a ellas está fuera del poder del hombre. El hombre se ve separado de la región superior del alma, en parte por la zona del subconsciente que va formándose a lo largo de la vida, y en parte porque, la débil vivencia del yo hace que la conciencia se desvanezca cuando se acerca al nivel supraconsciente humano. Pero el niño está abierto a ese mundo del alma, por una parte, porque el subconsciente aún no se ha formado y por otra, porque la conciencia todavía funciona sin la vivencia del yo, puesto que esta surge sólo cuando se han adquirido los hitos esenciales de la facultad del hablar y del pensar[5]. De ahí que, en el niño, las facultades humanas más importantes, como son el erguirse o ponerse de pie, el hablar y el pensar se generen de modo supraconsciente. Durante la vida, esas facultades, si entendemos el hablar y el pensar en su sentido esencial, siguen siendo supraconscientes, es decir, siempre que impliquen pensar y hallar *algo nuevo*, o hacerlo de forma tan concentrada que ambos se conviertan en actividades improvisadas con independencia de su contenido. El niño desconoce las reglas de su lengua materna (el adulto tampoco necesita conocerlas) y aún conoce menos las "reglas" del pensar que, en su esencia, le permanecen veladas también al adulto.

Más tarde también se adquieren facultades supraconscientes. Todo lo que al principio se aprendió de forma muy consciente, por ejemplo, leer y escribir, la

---

[5] Véase al respecto el libro de K. König "*Los tres primeros años del niño*". Editorial Rudolf Steiner. Madrid. (N.d.T.)

capacidad manual y artística, todas las actividades de índole cognoscitiva o verbal, se convierten más tarde en facultad supraconsciente. Podrían también incluirse algunas facultades deportivas, siempre que no se basen en la formación de reflejos. Lo que las distingue es su actuación frente a nuevas situaciones. Se puede hablar de hábitos de tipo superior, si bien *esos* hábitos en concreto son siempre modificables, porque se adecuan activamente a todo lo nuevo y, a diferencia de las costumbres habituales, tienen una correspondencia directa con el conocer, son siempre penetrables por la conciencia, y siguen siendo facultades.

La formación de los diversos sentidos puede ser un ejemplo de esos hábitos. Así, por ejemplo, el sentido auditivo y el sentido capaz de captar los conceptos son, al principio, órganos sensorios para las cualidades "sonido" y "concepto". Más tarde, se forma el organismo sonoro a partir de los sonidos percibidos, el organismo conceptual a partir de los conceptos captados. Los-organismos así formados se convierten ellos mismos en órgano sensorio, pues para percibir los sonidos o conceptos ya formados no es necesaria ninguna actividad intelectual. Como todo *comprender*, estos organismos se generan en el supraconsciente. Se trata de *facultades del yo*.

Podemos considerar la región supraconsciente del alma como la de las facultades específicamente humanas. Y puesto que son facultades del yo, los tipos de actividad correspondiente carecen de forma. Por la misma razón, el subconsciente es también específicamente humano, porque sus formas han sido generadas a partir del supraconsciente, prestadas del yo.

El supraconsciente es luminoso y verbal, de Él surgen toda comprensión y toda posibilidad de interpretar las cosas, lo que originalmente es lo mismo. Siendo demasiado luminoso para la conciencia de vigilia, se lo llamó también "la oscuridad superior" en oposición a las tinieblas inferiores que separan al hombre de la luz. Para el hombre actual, esa región de luz permanece disponible, pues captando las verbalidades superiores, formando las ideas, puede conocer su propia existencia y carácter, y, mediante el correspondiente ejercitamiento de la conciencia, puede aprender a vivir en las esferas hasta entonces supraconscientes, gracias a que uno ha logrado elevar de nivel la conciencia. Las ideas de la palabra, del Verbo que vive, siente y quiere, o del mundo de las ideas, que vive, siente y quiere, han de irse configurando mediante el estudio y han de preceder a su experiencia.

La palabra, el lenguaje, el conocer, sólo pueden surgir desde arriba, desde una fuente situada por encima del nivel de estos. Los miembros constitutivos superiores del hombre, como realidades existentes desde el principio, aunque se hallan en su mayor parte protegidos y cuidados por las entidades creadoras y todavía no asumidas por el hombre, son para él los manantiales respectivos de las cualidades y actividades verbales. En su conjunto, no son de carácter privado, no son fenómenos subjetivos, como tampoco lo son el pensar, percibir, conocer y hablar habituales. Las facultades humanas superiores son intersubjetivas y se relacionan a su vez con realidades de la misma índole. Pero la realidad intersubjetiva genera un *mundo*. De ese modo, el pensar vivo, el sentir y el querer cognoscitivos conducen a mundos no perceptibles por los sentidos, pero cuyos efectos pueden descubrirse en el mundo sensorial. Esos mundos podríamos denominarlos en síntesis el *mundo espiritual,* y las facultades que se desarrollan en los miembros constitutivos superiores podemos llamarlas *facultades espirituales* del alma. Si el alma se hace consciente en esos miembros superiores, la evolución del ser humano lo lleva a convertirse de ser anímico en ser espiritual. La transición tiene lugar entre el *alma* consciente y el yo *espiritual. "El camino que normalmente conduce al alma cuando esta muestra su aspecto externo, los impulsos, pasiones, etc..., nos conduce también hacia lo anímico eterno que existe en nosotros y que se halla penetrado por lo espiritual, por algo tan espiritual como el mundo circundante del espíritu. Entonces podemos entrar en la región en la que el alma se halla en unión con el espíritu"* (conferencia del 6 de mayo de 1922)[6].

La entidad humana con sus miembros constitutivos y facultades superiores desemboca en un mundo espiritual común para la humanidad. Los miembros superiores están en ese mundo, y no se hallan tan separados de su "entorno espiritual" como lo está la entidad corporal del mundo físico circundante mediante el cuerpo mineral, porque sin la ayuda de seres creadores se desharían en ese entorno superior. El sendero de ejercitamiento del hombre tiene como objetivo ir estableciendo cada vez más una delimitación *verbal* a los miembros constitutivos superiores, es decir, fronteras universales sonantes, como las que poseen las palabras. En sí misma, *una* palabra o *un* concepto no es una realidad, sólo lo es en una lengua

---

[6] Conferencia 6 mayo 1922. GA 212.

o una red conceptual, en *vinculación* viva con otras palabras y conceptos, sin que abandonen su singularidad. Por eso, en la meditación o en la intuición mental superior actúa el hombre en una esfera común de la que viven y respiran todos los hombres. Eso le da a la meditación su particular importancia.

Y porque la esfera supraconsciente es de esencia cognoscitiva, es un *continuum* de posibilidades graduales de comprensión, carece de formas y constituye una transparencia fluyente. En ese elemento se halla inscrita la facultad de recordar lo percibido conscientemente. Como ya dijimos en el capítulo anterior, esa facultad no es ninguna forma concreta, sino que hace funcionalmente cada vez más fácil, la captación repetida de aquello cuya imagen de fuerzas no recibidas conscientemente –como si fuera su negativo– fue inscrito en el mundo correspondiente del eterno presente. Algo parecido sucede con las mencionadas facultades supraconscientes, hablar, pensar, actuar, etc., que se cuentan entre lo supraconsciente, siempre y cuando sean *facultades* y no hábitos rígidos.

Por debajo de la capa consciente del pensar pasado comienza la región del subconsciente. Los términos de "sub" o "supra" tienen como máximo un sentido metafórico y describen las "direcciones" contrapuestas de ambas regiones desde el punto de vista de la conciencia de vigilia.

Lo asociativo constituye el estrato superior del subconsciente, se diferencia del pensar y del organismo conceptual en que la unión entre los conceptos, representaciones, palabras y formas de sentimiento que en él se producen no son de índole cognoscitiva, sino que se realizan de acuerdo con la vivencia subjetiva, vivencia que se orienta siempre hacia "lo que es bueno para mí". Pensamientos, sentimientos, impulsos volitivos y representaciones conforman un conglomerado constituido por sus formaciones independizadas. Todo lo que se desprende y separa del ser del yo y no es captado conscientemente por él se cristaliza en una forma con poder propio, a menudo ajena a la realidad, porque tampoco se corresponde con el conocimiento. Los contenidos respectivos, al no haber sido *vivenciados* de una manera del todo consciente, retienen más "vida y "energía" que los que se han emergido a la conciencia. De ahí su poder y su actividad sobre la vida consciente del alma. Lo que no permanece como facultad y no es captado como contenido por la conciencia del yo, pasa a formar parte del subconsciente.

Las estructuras subconscientes han surgido a partir de fuerzas y facultades que en su origen pertenecían a la región supraconsciente. Su formación se produce por dos razones: porque el hombre se encuentra con muchas cosas de las que sólo percibe conscientemente un pequeño fragmento, y porque lo no percibido conscientemente se va escapando cada vez más al control y ordenación de los poderes creadores que tienen a su cargo la parte superior, los miembros constitutivos superiores del hombre. Este desarrollo fue ocasionado por la retirada de los dioses del hombre. El esfuerzo y la dedicación de los hombres podrían haber compensado esta pérdida colocando las fuerzas liberadas por los dioses, bajo su tutela mediante el culto. También podía haber evolucionado avanzando en el desarrollo voluntario y consciente de la propia conciencia, lo que también puede realizarse gracias a las fuerzas liberadas. Ambas posibilidades de evolución fueron despreciadas por la mayor parte de la humanidad al abandonar la idea del Logos o del Hijo, que constituye precisamente la esencia del cristianismo. Por fundadas razones hay que suponer que el subconsciente *general* comenzó a formarse en la época del Romanticismo, si bien ha habido individualidades que siempre se adelantaron a su época.

Todo lo que podemos hallar en esta zona del alma es algo formado y no cognoscitivo. Podría decirse que, igual que el cuerpo físico tiene forma y no es cognoscitivo, pero gracias a ello ofrece el necesario trasfondo para el conocer y el actuar humanos, del mismo modo lo anímico que ha cobrado forma constituye el *cuerpo anímico*. Es a eso a lo que se refieren los términos *"cuerpo etéreo"* y *"cuerpo astral"*, junto a los cuales existen en el hombre fuerzas vitales y de sensibilidad en estado libre que le capacitan para el conocer y le permiten la libertad gracias a su esencia logoica.

La incesante liberación de esas fuerzas, que estaban ligadas totalmente al cuerpo en el recién nacido y en el hombre antiguo, es lo que permite el progreso humano. Y en la medida en que esas fuerzas que se van desprendiendo no son captadas por la vida del conocimiento o de la religión se hace posible la formación del subconsciente.

El subconsciente está constituido por lo que podríamos llamar "hábitos" en el amplio sentido de la palabra. Así se actualiza la diferencia entre *facultades* y hábitos, relacionados con el supraconsciente y el subconsciente respectivamente. Las costumbres del subconsciente van desde lo asociativo hasta formas de comportamiento cambiantes y adaptables dentro de unos límites. Esos modelos de reacción poseen un carácter y forma propios, y cuando entran en contacto con la psicología adquieren su forma habitual por ser abarcadas finalmente con palabras y conceptos. En ese sentido, Freud tenía toda la razón al decir que las formaciones surgen siempre bajo el signo de la egoidad.

Aunque la generación de formas anímicas semiconscientes e inconscientes se produzca en la vida individual del alma, en virtud de predisposiciones que uno trae del destino, esas formas muestran también muchos rasgos colectivos. Este hecho podría hacernos pensar que la tendencia formadora posee un *estilo* propio y por tanto un poder o energía que determina el estilo. Lo que conocemos sobre el advenimiento de la egoidad señala en esa dirección. Mas ello no implica que la esfera subconsciente conduzca hacia una esfera humana común como lo hace el supraconsciente. Esa "comunidad" la produce solamente su enorme fuerza de contagio, en particular las representaciones en las que se imprimen y conforman las fuerzas vitales y sensitivas que se han vuelto libres. Esas formas se contagian sin que el afectado haga ningún esfuerzo para ello, mientras que las ideas e impulsos surgidos del supraconsciente no pueden acogerse sin esfuerzo.

La pedagogía humana en épocas antiguas consistía, en gran medida, en que de manera religiosa se hacía uso de esas fuerzas liberadas. La vida individual, por una parte, se acompañaba de ritos y costumbres, y por otra, toda la vida religiosa, que era para el hombre de entonces realidad *vivenciada* y *vivenciable*, se iba modificando a medida que pasaban las épocas, según iban variando las constelaciones que, en cada período, constituían signos válidos para la dirección de la humanidad, pasando de Géminis a Tauro y Aries. La realidad suprasensible de las fuerzas que van quedando libres y que eran impregnadas por la influencia de poderes divinos amigos del hombre, o enemigos en los períodos de transición entre una constelación y otra, constituía el elemento *real* que determinaba la vida terrestre-sensorial, o que al menos se unía con lo terrestre para constituir *una* realidad conjunta: la realidad de la imagen de los dioses, su vestidura. Estos engendraron facultades en el hombre sirviéndole de modelo o haciendo de espejo de su peligrosidad. El iniciado podía captar sus imágenes, darle forma pictórica al aspecto cósmico o cognoscitivo que ellas expresaban como *facultades.* El profano podía convertir poco a poco en facultades individuales la imagen mitológica transmitida y, sobre todo, *vivenciar* en sí mismo lo *individual,* porque las figuras de los dioses eran individualidades. Si un pueblo o una parte de la humanidad están suficientemente individualizados en sus miembros, el politeísmo se ve entonces disuelto por el monoteísmo. La Trinidad Cristiana es también la triple forma de manifestación del Dios *único* y es importante para el posterior autoconocimiento. Por eso, hoy en día, para el hombre que se ha individualizado hace ya tiempo, las *vivencias anímicas* de las imágenes de los dioses o de los símbolos que van surgiendo tienen un significado muy distinto del que tuvo para el hombre antiguo. El hombre actual no las considera vivencias *espirituales*, y tanto el que las experimenta como el psicólogo no llegan a considerarlas facultades espirituales, les falta la vinculación con lo logoico, que era la esencia de las antiguas divinidades. Para las nuevas fuerzas que hoy se liberan no tienen ningún significado o por lo menos ninguno positivo. Por otra parte, tampoco son más colectivas de lo que lo son la envidia, la ambición o los celos.

Lo que en un principio la psicología analítica llamó subconsciente se ha convertido hoy en forma de vida configurada conscientemente, justificada y recomendada por la ciencia y la medicina. Frente a los valores humanos aceptados tradicionalmente y que se hallan en franco retroceso, se va afirmando cada vez más, por contagio, esa actitud anímica infrahumana. La inclinación del alma por esas formas anteriormente inconscientes es por sí misma una "inspiración" que procede de esa zona. Como sucede con casi todo logro científico en la época moderna, la psicología analítica era también un arma de doble filo, pues según lo que el hombre haga de ella, puede mostrarle lo que él *no es*, o bien puede convencerle de que él es lo que ella le muestra y a consecuencia de ello él mismo *se convierte* en eso. Sólo una nueva comprensión de la propia naturaleza y sus posibilidades que no se base en la tradición, sino en el conocimiento actual de tipo superior, puede evitar que la esfera subconsciente vaya determinando cada vez más la vida.

A través de la generación colectiva de formas, inducida, infectada desde fuera, se va dibujando poco a poco todo un "mundo". ("Mundo" porque es intersubjetiva). A ello se le añade el verdadero subconsciente colectivo que procede de experiencias limítrofes de la humanidad actual, aunque ella las niegue; surgen así "inspiraciones" que podríamos llamar colectivas. Como ejemplo de ello, además del ya mencionado, podemos hablar de la pérdida de la idea del Logos. Esa era una idea palpitante como experiencia limítrofe en la época de Cristo y en los primeros siglos posteriores. Pero muy pronto, hacia el siglo IV, se perdió para la Iglesia. Luego sobrevino el impulso árabe mahometano, como contragolpe, con la tesis central de que Alá no tiene ningún Hijo. Con ello se niega la idea del Hijo y la del Logos. De ese origen surge hoy el trastorno de la conciencia más extendido en la actualidad, a saber, el constante "olvido" del pensar o enunciar actual, presente, subyacente al contenido pensado o enunciado. Eso hace posible el enfoque de autonegación por el que el hombre, el pensar y el espíritu se niegan a sí mismos, al atribuirse su propio origen a lo que no es consciente. El quererse retrotraer a ese origen es una inspiración que tiene sus raíces en la sensación. De la falta de captación de la idea del Logos surge la "inspiración" a negar la Palabra, el Verbo.

Ese tipo de inspiraciones, en la medida en que son colectivas, son reconocidas como tales por muy pocos y cada vez se hace más difícil distinguirlas de las inspiraciones que proceden de arriba. Eso podemos verlo también en el arte. Incluso la distinción entre lo asociativo y lo mentalmente intuitivo, es, al menos teóricamente, difícil quizá no para el matemático, pero sí especialmente en el arte. Lo inspirado subconscientemente es siempre activo y contagioso por su contenido de sensación. Es bien conocido que en lo referente a la verdad de cualquier cosa sólo decide el sentimiento cognoscitivo de evidencia y es precisamente ese sentimiento el que se halla enfermo por las inspiraciones subconscientes. En eso consiste sobre todo la enfermedad y su tendencia a cerrarse a sí misma a cal y canto. Naturalmente, el pensar puro es capaz de distinguir siempre entre asociación e intuición, aunque ese trastorno de la conciencia hace que eso suceda cada vez menos. La remanente "sensación" subconsciente de los contenidos no captados con el pensamiento, que se aferra a las representaciones inducidas, es tan activa como lo sería un sentimiento cognoscitivo. A nivel teórico apenas se los puede distinguir. La capacidad de convertirse en realidad tampoco es un rasgo que pueda distinguirlos entre sí, porque el "subconsciente" logra realizarse ampliamente en el exterior e incluso acaba convirtiéndose en forma de vida justificada y con propio estilo, demandas y satisfacciones. La imagen podría parecer desesperanzadora si no tuviéramos en cuenta una importante característica del alma.

Hasta ahora hemos encontrado seis funciones: pensar, sentir y querer en sus variantes libres cognoscitivas y en las formadas no cognoscitivas. Estas últimas crean una aglomeración que está como en movimiento de remolino, mientras que las primeras se interpenetran de modo que el elemento superior impulsa al inferior. Hoy en día hay que concebir la *vivencia* del *yo* como un incesante *movimiento de la atención* que sobre todo permanece en lo pensado, pero que también se eleva hacia lo vivo para mirar desde su presente hacia lo pasado. Y porque la vivencia del yo, igual que la conciencia, se enciende sobre el pasado, pero ha de "experimentarlo" a partir del presente, hemos de explicarla como un constante intercambio entre lo cognoscitivo y lo no cognoscitivo. Y si no *permanece* en el uno ni en el otro, puede nacer como experiencia del yo.

Desde el nivel superior, cognoscitivo, desde el supraconsciente, procede todo comprender, toda nueva formación de conceptos, toda intuición. Desde el nivel inferior proceden las asociaciones, emociones, simpatías, antipatías e impulsos volitivos no libres. Mediante un ejercitamiento meditativo en el conocimiento, el hombre aprende a hacerse más *contemplativo,* es decir, más consciente y autoconsciente, permaneciendo en el supraconsciente.

La vivencia del yo en su forma egoica es el impulso más poderoso del hombre. Pero eso implica que al principio ha de estar en movimiento, enfocando su atención entre las diversas capas del alma. Ya tan solo para sentirse a sí mismo como yo, el hombre ha de estar en contacto con el estado de presente (presencia), con la esfera de la vida. Esto le otorga la posibilidad de despertar en su capacidad de estar consciente y despierto, es decir, puede alcanzar intuiciones relativas a la situación y grado de sometimiento en que se halla con respecto al elemento inferior. En la medida en que haya necesidad de vivencia del yo hay esperanza para el hombre y puede tomar el destino en sus propias manos.

El ritmo de la vivencia del yo permanece en su mayor parte en la esfera de la conciencia de vigilia cotidiana. Pero ello no excluye las inspiraciones o intuiciones que vienen de arriba ni las impulsiones procedentes de abajo. A pesar de que el yo parezca sucumbir en ellos, la índole de las pasiones y los instintos *humanos* requiere un sujeto que los experimente o que los sienta. Mientras la vivencia del yo no sea "aniquilada" por el excesivo mal uso del organismo, ha de volver a resurgir en su dolor, en su "vivencia" sensible de la zona inferior. Puede suceder que el ser humano descubra algo con ello y que aprenda a buscar su camino hacia el hombre verdadero. Ello depende en gran parte de lo que otros seres humanos han llevado, mediante la meditación, hasta la esfera viviente común.

El psicólogo cuya conciencia científica está habituada a captar las cosas al nivel del pasado y en general está educado para ello, ha de aprender a ver la forma de aparición y la esencia del yo en el "modo" en que se mueve la atención. Al querer comprender el supraconsciente se ve confrontado a la necesidad de formar otras ideas cualitativamente superiores. Para solucionar esa tarea puede comenzar intentando ver la realidad superior y más poderosa en el *cómo* de todo fenómeno, en comparación con el *qué,* con su contenido. Así irá descubriendo poco a poco que es posible atraer el supraconsciente para la curación del subconsciente. Porque en *eso* consiste la curación en la esfera de lo anímico.

VI
EPÍLOGO

"No existe ninguna verdadera psicología que no comience con la contemplación imaginativa" (1). Esa frase es la particular expresión de una ley general de la Ciencia del Espíritu que raramente se cumple en las otras ciencias. No se puede comprender o resolver ningún problema desde el mismo nivel de conciencia en el que se encuentra, sino sólo a partir de una conciencia superior. El cumplimiento de esa ley ha constituido el hilo conductor de los presentes estudios. Sus temas han surgido por afinidad e inmediatez personal. El método de elaborarlos ha sido siempre la observación. Una observación que comienza más o menos en la línea que se sigue en la *"Filosofía de la Libertad"* de Rudolf Steiner. Observaciones en la conciencia refleja y sobre ella. De ese modo llegamos a observaciones limítrofes que no podemos elevar a la esfera de la experiencia si no efectuamos un enérgico ejercitamiento de la conciencia. Sólo entonces se puede seguir la introspección en otros niveles.

Estos estudios se han escrito para lectores orientados en la Ciencia Espiritual antroposófica, aunque muchas cosas tendrían que ser inteligibles para muchos otros lectores instruidos en psicología. Los lectores que conocen la obra de Rudolf Steiner se preguntan: ¿Hasta dónde podemos encontrar en Steiner lo que aquí se expone? Es una pregunta con doble sentido. En las exposiciones que son fruto de la investigación espiritual se encuentra siempre exacta y únicamente lo que uno es capaz de encontrar por sí mismo, ya sea antes de la lectura o durante la misma, lectura que habría de ser meditativa. Por eso, la respuesta al segundo sentido de la pregunta habría de rezar: Todo lo aquí expuesto se puede hallar en la obra de Steiner, si bien con frecuencia sólo de forma indicativa o aforística. En algunas de las cuestiones aquí tratadas Rudolf Steiner no realizó una elaboración minuciosa y tan profunda como la que hizo, por ejemplo, con el problema de la libertad humana.

Algo más habría que decir con respecto a la terminología. Quizá sea lo más difícil para los lectores de las indicaciones y explicaciones psicológicas de Rudolf Steiner que en la mayoría de los casos él no suele hacer diferencia entre los términos "supraconsciente", "subconsciente" e "inconsciente", y que utiliza esas expresiones alternativamente y no de forma estricta, como suele suceder con el resto de su terminología, que no suele estar totalmente fijada. Podría suponerse que eso se produce por razones básicamente pedagógicas: nunca habría que entender las cosas de manera nominalista. Por otra parte, hay que considerar también que, en su época, los términos psicológicos especializados todavía no se utilizaban ni se conocían en la medida en que lo son hoy.

Por esa razón no es sorprendente, aunque sea deplorable, que lectores interesados en la psicología, e incluso autores, hayan pasado por alto las pocas citas en las que Steiner distingue con claridad y deliberación lo supraconsciente de lo subconsciente y que no se hayan fijado en las muchas citas en las que se menciona esa diferencia, implícita y no explícitamente. Esto ha creado una gran confusión en lo que se refiere al "subconsciente" de la psicología analítica y su relación con las exposiciones de Steiner (2). En el tercer capítulo he intentado aclarar esos malentendidos y exponer algunos nuevos resultados. El segundo capítulo es un intento de describir la vida del conocimiento desde un punto de vista que trasciende la conciencia de vigilia diurna.

El más difícil habrá sido el cuarto capítulo. Ahí volvemos a encontrarnos con un problema de terminología. Rudolf Steiner apenas establece diferencia entre los distintos tipos de recuerdo y trata, desde puntos de vista bien distintos, el complejo de interrogantes que ello suscita. En la mayoría de los casos, el centro de la descripción no lo ocupa la memoria, sino, por ejemplo, la actividad del cuerpo etéreo, del cuerpo astral, etc. (3)

Con ello desembocamos en el siguiente problema terminológico. Steiner distingue explícitamente el *cuerpo* etéreo de las energías etéreas *libres* sólo cuando ha de tratar de forma concreta esa diferencia (4). Lo mismo sucede con el cuerpo astral y sus energías. Para quien trabaja *sistemáticamente* las diversas cuestiones que surgen en la obra de Rudolf Steiner, esa distinción resultará muy importante y le permitirá descubrirla en su obra de una forma implícita.

Por último, queda aún la cuestión del porqué he evitado, en la mayoría de los casos, los términos "etéreo", "astral", en esta obra y por qué los he substituido por otros. No lo he hecho porque sean expresiones fuertemente recargadas de contextos espiritistas y de cultismo nebuloso, sino porque he querido que el lector haga el esfuerzo de formar los nuevos conceptos al no encontrarse con los conocidos "términos especializados", evitando así que utilice representaciones propias de la conciencia refleja en lugar de conceptos de cualidad superior.

Debo los rudimentos del estudio de la vida anímica según la ciencia espiritual a la obra de Massimo Scaligero "Psicoterapia" (Roma 1974). Y aunque mi concepción contradiga esa obra en algunos puntos, quisiera agradecerle su estímulo.

Soy consciente de que la exposición de las cuestiones una a una no es completa ni está carente de posibles errores, la infalibilidad es una propiedad humana muy escasa. Me contentaría con que este pequeño ensayo estimulase a los especialistas hacia nuevos pensamientos, ampliaciones y hasta a correcciones.

NOTAS AL EPÍLOGO

Las siguientes indicaciones se refieren a puntos en la obra de Rudolf Steiner que citamos según el número de Bibliografía General (GA) y con la fecha en que se pronunció la conferencia referida, en los casos en que no se menciona el título del ciclo es que ya se halla citado más arriba. La mayoría de ellos no están traducidos al castellano (en 1996), excepto los que se señalen explícitamente.

(1)

Ciclo GA 76: *La acción fructificadora de la Antroposofía sobre las ciencias especializadas.* Véase conferencia del 7-4-1921.

Ciclo GA 73: *La complementación de las ciencias actuales mediante la Antroposofía.* Conferencia del 5-11-1917

Ciclo GA 218: *Nexos espirituales en la formación del organismo humano.* Conferencia del 20-11-1922

Ciclo GA 322: *Los límites del conocimiento de la naturaleza y su superación.* Conferencia del 20-10-1920

(2)

"Subconsciente" y "supraconsciente" se encuentran claramente diferenciados en:

Ciclo GA 205: *Devenir humano, alma cósmica y espíritu universal.* Primera parte. Confs. del 8-07-1921 y 9-07-1921 (estas dos conferencias son de importancia central para la imagen completa del alma).

Obra Escrita GA 35: *Filosofía y Antroposofía. recopilación de ensayos.*

Ciclo GA 73: Conferencia del 14-11-1917

Ciclo GA 174b: *Los trasfondos espirituales de la Primera Guerra Mundial.* Conferencia del 26-04-1918

Ciclo GA 176: *Verdades de la evolución del hombre y de la humanidad. El Karma del materialismo.* Conf. del 14-08-1917

Ciclo GA 178: *Seres espirituales individuales y su acción en el alma del hombre.* Conferencia del 11-11-1917. *Entidades individuales y la unidad indivisa del Cosmos.* EAA

Ciclo GA 185: *Síntomas de la historia moderna.* Conf. 26-10-1918. ERS

Ciclo GA 206: *Devenir humano, alma cósmica y espíritu universal.* Segunda parte. Confs. del 6-08-1921 y 13-08-1921

Sobre la aparición del subconsciente:

Obra Escrita GA 26 *Directrices antroposóficas.* Véase Carta del 22-2-1925. ERS

Ciclo GA 144: *Los misterios de oriente y del cristianismo.* Conferencia del 6-02-1913. EAA

Ciclo GA 174: *Europa central entre oriente y occidente.* Conferencia del 2-05-1918

Ciclo GA 176: Conf. 14-08-1917

Ciclo GA 177: *Los trasfondos espirituales del mundo exterior. La caída de los espíritus de las tinieblas.* Conferencias del 20-10-1917 y del 21-10-1917

Ciclo GA 205: Conferencia del 2-07-1921.

Ciclo GA 208: *Antroposofía como Cosmosofía.* segunda parte. *La formación del hombre como resultado de acciones cósmicas.* Conferencia del 4-11-1921

Subconsciente e Inconsciente como sinónimos de Supraconsciente:

Obra escrita GA 17: *El Umbral de la Ciencia Espiritual.* Capítulo *"Las vidas terrenales sucesivas y el karma".* ERS

Ciclo GA 131: *De Jesús a Cristo.* Conf. del 5-10-1911. ERS

Ciclo GA 163: *Casualidad, necesidad y providencia.* Véase conferencias del 17-09-1915 y del 18-09-1915

Ciclo GA 167: *Presente y pasado en el espíritu humano.* Conferencia del 18-04-1916

Ciclo GA 174a: Conferencia del 29-11-1915

Ciclo GA 183: *La ciencia del devenir del hombre.* Conferencia del 18-08-1918

Ciclo GA 218: Confs. del 9-10-1922 y 14-10-1922

Ciclo GA 235: *Relaciones kármicas. TOMO I.* Conferencia del 2-03-1924. EAA

Ciclo GA 301: *La renovación del arte pedagógico-didáctico mediante la ciencia espiritual.* Conf. el 2-05-1920

"El Espíritu no puede captarse nunca con el concepto de subconsciente":

Ciclo GA 178: Conferencia del 18-11-1917

(3)

Sobre el recuerdo, la memoria y el olvido:

Obra escrita GA 35: véase el artículo: *Los Fundamentos psicológicos y la posición epistemológica de la Antroposofía.*

Ciclo GA 73: Conferencia del 5-11-1917

Ciclo GA 119: *Macrocosmos y microcosmos.* conferencia del 30-03-1910. ECE

Ciclo GA 153: *El ser interior del hombre y la vida entre muerte y nuevo nacimiento.* Conferencia del 11-04-1914. EAA

Ciclo GA 159 / 60: *El misterio de la muerte.* Conferencia del 19-06-1915

Ciclo GA 163: Confs. del 28-08-1915 y del 18-09-1910

Ciclo GA 165: *La unión espiritual de la humanidad por el impulso de Cristo.* Conferencia del 2-01-1916.

Ciclo GA 170: *El enigma del hombre. Los trasfondos espirituales de la historia humana.* Conf. del 26 08-1916

Ciclo GA 179: *Necesidad histórica y libertad.* 17-12-1917

Ciclo GA 183: Conf. del 25/26-08-1918 y 1-09-1918

Ciclo GA 194: *La misión de Micael.* Conf 30-11-1919. EAA

Ciclo GA 201: *Correspondencias entre el macrocosmos y el microcosmos.* Conferencia del 23-04-1920. ECE

Ciclo GA 204: *Perspectivas de la evolución de la humanidad.* Conferencia del 3-04-1921

Ciclo GA 205: Conferencias del 2,3,15-07-1921

Ciclo GA 206: Conferencias del 5,12,13-08-1921

Ciclo GA 212: *La vida anímica humana y la aspiración del espíritu en relación con la evolución de la Tierra y del Mundo.* Conferencia del 30-04-1922

Ciclo GA 214: *El misterio de la Trinidad.* Conf. 5-08-1922

Ciclo GA 218: *La tarea cognoscitiva de la juventud.* Conferencia del 20-10-1922

Ciclo GA 219: *La relación del mundo de los astros con el hombre.* Conferencia del 22-12-1922

Ciclo GA 233: *La historia universal a la luz de la Antroposofía.* Conferencia del 29-12-1923. EAA

Ciclo GA 234: *Antroposofía, un resumen después de veintiún años.* Conferencia del 10-02-1924. ECE EAA

Ciclo GA 301: Conferencia del 4-05-1920

Ciclo GA 302: *La estructuración de la enseñanza.* Conferencia del 12-06-1921. EAA

(4)

Sobre las libres energías de la vida y de la sensibilidad

Obra escrita GA 17: *El umbral del mundo espiritual.* Capítulo: "Sobre el Cuerpo Astral". ERS

Ciclo GA 93: *La leyenda del templo y la leyenda dorada.* 0Conferencia del 23-10-1905. ERS

Ciclo GA 107: *Antropología científico espiritual.* Conferencias del 19-10-1908 y del 2-11-1908

Ciclo GA 137: *El hombre a la luz del ocultismo, teosofía y filosofía.* Conferencia del 5-06-1912

Ciclo GA 141: *La vida entra la muerte y el nuevo nacimiento en relación con los hechos cósmicos.* Conf. 14-01-1913. EAA

Ciclo GA 174b: Conferencia del 26-04-1918

Ciclo GA 208: Conferencia del 30-10-1921

Ciclo GA 322: *Los límites del conocimiento de la naturaleza y su superación.* Conferencia del 29-09-1920

Sobre el rejuvenecimiento de la humanidad relacionado con la liberación de las energías.

Ciclo GA 174a: Conferencia del 19-05-1917

Ciclo GA 174b: Conferencia del 13-05-1917

Ciclo GA 176: Conferencia del 29-05 1917

Ciclo GA 185: Conferencia del 2-11-1918

Ciclo GA 196: *Transformaciones espirituales y sociales en la evolución de la humanidad.* Conf. del 16-01-1920

Las mencionadas conferencias y obras no agotan el tema. No hemos mencionado las obras y conferencias básicas que se ocupan de problemas del alma ya por su título mismo. Así, por ejemplo, habrá que tener en cuenta los:

Obra escrita GA 20: *De los Enigmas del Hombre.*

Obra escrita GA 21: *Los Enigmas del Alma.* ERS

Ciclo GA 58: *Metamorfosis de la Vida Anímica.* EAA

Ciclo GA 59: *Senderos de las vivencias del alma*

Ciclo GA 115: *Antroposofía, Psicosofía, Pneumatosofía.* EAA

BIBLIOGRAFÍA DEL AUTOR

DISPONIBLES EN EDITORIAL RUDOLF STEINER

De la Normalidad a la Salud. Caminos para el desarrollo de la autoconsciencia. 1997

Trabajando con la Antroposofía. 2023, segunda edición.

Hacia una consciencia del Logos. La ciencia de San Juan Evangelista. 2007

Navidades. Los tres nacimientos del ser humano. 2023, segunda edición.

Sanar en la luz. Las curaciones en los evangelios. 2007.

La atención y la entrega. La ciencia del Yo. 2000.

La luz del Yo. Una guía para la meditación. 2011.

La voluntad suave. 2001

Publicaciones aún sin traducir o agotadas

Bewusstseinsstufen Meditationen über die Grezen der Seele (1976) [Traducciones: «*Conscience de l´Ésprit. Thérnes de réflexion et de méditation*» (1981); «*Stages of Consciousness. Meditations on The Boundades of the Soul*» (1994)].

Die Wahrheit tun Erfahrungen und Konsequenzen des intuitiven Denkens (1978). [Traducciones: "Mettre en pratique la vérité"]. Practicar la verdad. ERS. Agotado.

Die Diener des Logos. Der Mensch als Wort und Gesprach (1981).

Die Logosstrucktur der Welt Sprache als Modell der Wirklichkeit (1986) [Traducciones: "The Logos-Structure of the world. Language as Model or Reality"]. Próxima edición en español.

Die Belehrung der Sinne
Wege zu einer fühlenden Wahrnehmung

Die Erneuerung des Heiligen Geistes. Gnade, Teilhabe und gesistige Aktivitat (1992) La renovación del Espíritu Santo. ERS. Agotado

Das Reich Gottes. Die Zukunftsvision des Neuen Testaments (1994). El reino de Dios. Visión de futuro del nuevo testamento. ERS. Agotado

Die Esoterik des Erkennens und Handelns
In der "Philosophie der Freiheit" und der "Geheimwissenschaft". Rudolf Steiner (1995).